Starke Kitas – starke Kinder

Hilmar Hoffmann / Ursula Rabe-Kleberg /
Susanne Viernickel / Ilse Wehrmann / Renate Zimmer

Starke Kitas – starke Kinder

Wie die Umsetzung der Bildungspläne gelingt

nifbe Niedersächsisches Institut für frühkindliche Bildung und Entwicklung (Hg.)

Mit Fotos von Bettina Meckel

HERDER

FREIBURG · BASEL · WIEN

www.herder.de

Gesamtgestaltung:
Weiß-Freiburg GmbH – Graphik & Buchgestaltung

Titelbild und Fotos im Innenteil: © Bettina Meckel
www.fotografin.de

Redaktion: Dr. Karsten Herrmann

Druck und Bindung: fgb · freiburger graphische betriebe
www.fgb.de

Gedruckt auf umweltfreundlichem, chlorfrei gebleichtem Papier
Printed in Germany

ISBN-13 978-3-451-32355-3

Inhalt

Gute Qualität von Anfang an!

Grußwort

Von Dr. Hermann Kues, MdB
Parlamentarischer Staatssekretär im Bundesministerium für Familie, Senioren, Frauen und Jugend

DIE BEDEUTUNG der frühkindlichen Förderung ist in den vergangenen Jahren immer mehr ins Bewusstsein der Öffentlichkeit gerückt. Kindertagesbetreuung ist enorm aufgewertet worden, und mit dem Kinderförderungsgesetz von 2008 wurde ein solides Fundament für den Ausbau der Betreuungsangebote und für mehr Betreuungs- und Bildungsqualität in den Einrichtungen und in der Kindertagespflege geschaffen.

Vor allem hat sich auch qualitativ viel getan. Der Bildungsauftrag der Kindertageseinrichtungen wurde in 16 Bildungsplänen der Länder und dem „gemeinsamen Rahmen" der Ständigen Konferenz der Kultusminister der Länder und der Jugend- und Familienministerkonferenz der Länder beschrieben. Leitnorm ist das Kinder- und Jugendhilfegesetz, das die Förderung der Entwicklung der Kinder zu einer „eigenverantwortlichen und gemeinschaftsfähigen Persönlichkeit" vorgibt.

Die Erwartungen an Kindertageseinrichtungen und Kindertagespflege sind hoch: Sie sollen eine umfassende Erziehung, Betreuung und frühkindliche Bildung gewährleisten und dabei die Entwicklung jedes Kindes im Blick haben. Ihre Angebote sollen die Vereinbarkeit von Familie und Beruf sichern, Versäumnisse familialer Erziehung ausgleichen und die Kinder fit für ein Leben in unserer Leistungsgesellschaft machen. Diesen Auftrag im Alltag der Kindertageseinrichtungen und der Kindertagespflege umzusetzen, erfordert Qualität: in der Qualifikation und im beruflichen Selbstverständnis der pädagogischen Fachkräfte, im pädagogischen Konzept, in den personellen und zeitlichen Rahmenbedingungen der Einrichtungen und in der Zusammenarbeit mit den Eltern.

Bund und Länder haben auf dem Bildungsgipfel 2008 die Ausbauziele ausdrücklich bekräftigt, verbunden mit einem deutlichen Bekenntnis zur Qualität der Kinderbetreuung. Beide arbeiten an den verabredeten Zielen, insbesondere an der Entwicklung abgestimmter Bildungsziele für Tageseinrichtungen sowie an der Verbesserung der Qualifikation von Tagespflegepersonen und ErzieherInnen.

Bund und Länder haben damals beschlossen, einen Qualifizierungspakt für 50.000 zusätzliche ErzieherInnen in der Betreuung von Kindern unter drei Jahren aufzulegen. Die Bundesregierung steht zu diesem Beschluss, denn die Aus- und Fortbildung der pädagogischen Fachkräfte in der Kindertagesbetreuung ist ein Schlüsselfaktor für die Qualitätsentwicklung in der Praxis.

Der Bund unterstützt die für die Aus- und Fortbildung verantwortlichen Länder in ihrem Bemühen, die Qualität in der Kinderbetreuung kontinuierlich weiterzuentwickeln und zu verbessern. So fördert das Bundesministerium für Familie, Senioren, Frauen und Jugend das Projekt „Professionalisierung, Transfer und Transparenz im frühpädagogischen Praxis- und Ausbildungsfeld" des Niedersächsischen Instituts für frühkindliche Bildung und Entwicklung, um die Professionalisierung der Fachkräfte in Kindertageseinrichtungen voranzubringen und Modelle für eine Verbesserung der Transparenz und Durchlässigkeit im System ihrer Aus- und Fortbildung zu entwickeln.

Mit der Evaluation des Kinderförderungsgesetzes schafft der Bund außerdem eine gute Grundlage, den Ausbaustand und vor allem die Qualität der frühkindlichen Bildung gemeinsam mit Ländern und Kommunen weiterzuentwickeln. Wir werden in dieser Bewertung alle Erkenntnisquellen nutzen, um zu einem quantitativ und qualitativ tatsächlich bedarfsgerechten Ausbau zu gelangen. Besonders wichtig sind dabei die Erwartungen der Familien an die frühkindliche Bildung und Betreuung. Diese erhalten deshalb ausreichenden Raum, um die Entwicklung regionaler und lokaler Ausbaukonzepte wirksam zu unterstützen.

Im Koalitionsvertrag hat die Bundesregierung erneut die Qualität der Betreuung in den Mittelpunkt gestellt. Damit Eltern die Gewissheit haben, dass die gewählte Betreuung gut für ihr Kind ist, wollen wir auf Basis der Evaluationsergebnisse mit den Ländern Eckpunkte der frühkindlichen Bildung vereinbaren. Damit werden Bildungs- und Betreuungsqualität verlässlich verbessert. Das Forum frühkindliche Bildung unterstützt diesen Arbeitsprozess.

Insgesamt ist die Gewinnung von engagiertem und qualifiziertem Personal von entscheidender Bedeutung. Deshalb müssen bessere Rahmenbedingungen für den Erzieherberuf und für die Kindertagespflege geschaffen werden. Es geht um bessere Fortbildungs- und Aufstiegsmöglichkeiten, eine angemessene Vergütungsstruktur und eine den europäischen Zielen angepasste Erzieher-Kind-Relation. Wenn wir Qualität für unsere Kinder wollen, dann müssen wir das Berufsfeld der ErzieherInnen aufwerten und die hauptberufliche Tätigkeit in der Kindertagespflege etablieren.

Für die Kindertagespflege hat die Bundesregierung mit dem Aktionsprogramm ein gutes Fundament gelegt. Der Anteil der Tagespflegepersonen mit Qualifikationskurs ist seit 2006 stark gestiegen. Immer mehr von ihnen gelingt es, ihre Tätigkeit hauptberuflich auszuüben. Auf der Grundlage der Weiterentwicklung dieses Programms werden wir an einem „Berufsbild Kindertagespflege" arbeiten, das die Tätigkeit attraktiver macht – für die, die sie ausüben wollen ebenso wie für die, die sie als familiennahe und flexible Betreuungsalternative nutzen wollen.

Bei allen Initiativen des Bundes, der Länder und Kommunen gilt es eines festzuhalten: Sie werden nur dann Erfolg haben, wenn sie im Alltag, in den Kindertageseinrichtungen und bei den Kindertagespflegestellen ankommen. Dort findet Qualität statt, dort werden die Grundlagen für frühe Förderung, gute Betreuung und damit für gelingendes Aufwachsen unserer Kinder geschaffen.

Bildungspläne zwischen Verbindlichkeit und Beliebigkeit

Einführung

von Prof. Dr. Renate Zimmer

BILDUNGSPROZESSE IN DER FRÜHEN KINDHEIT rücken zunehmend in den Fokus öffentlichen und politischen Interesses. Einsichten in die rasante Entwicklungsgeschwindigkeit der ersten Lebensjahre, die durch die bahnbrechenden Erkenntnisse unterschiedlicher Disziplinen (Neurowissenschaften, Entwicklungspsychologie, Biologie, Bindungsforschung) gewonnen wurden, führten zu einem Umdenken in der öffentlichen Wahrnehmung frühkindlicher Bildungsmöglichkeiten und auch in der der Bildungspolitik. Die Studien belegen, wie wichtig gerade die ersten Lebensjahre für die menschliche Entwicklung sind. Seit der Veröffentlichung der Ergebnisse der PISA-Studie 2000 ist Bildung in Deutschland zu einem zentralen Thema geworden. Unter Berücksichtigung der Einsicht, dass Bildungsprozesse nicht erst mit dem Schuleintritt wirksam werden, versuchte man quasi „von unten an" das gesamte Bildungssystem zu reformieren – eine Art Bildungsrevolution.

Spätestens mit der öffentlichen Diskussion des OECD-Berichts „Starting Strong: Early Childhood Education and Care" (2001) wurde eine neue Ära in der frühkindlichen Bildung eingeleitet. Weltweit gewann die frühkindliche Erziehung und Betreuung politische Aufmerksamkeit. Mit dem Zugang zu einer hochqualifizierten frühkindlichen Erziehung und Bildung für alle Kinder sollten Grundlagen für Chancengleichheit und lebenslanges Lernen geschaffen werden.

Inzwischen wird der Bildungsauftrag der Kindertageseinrichtungen parteiübergreifend in Deutschland als ein bildungspolitisches Thema wahrgenommen und behandelt. Auf diesem Hintergrund ist auch die Dynamik der derzeitig beobachtbaren Reformprozesse im Elementarbereich zu erklären. Diskutiert werden nicht nur neue Formen der außerfamiliären Betreuung von Kindern, sondern auch die Frage, wie Kinder lernen, wie viele und welche Anregungen sie benötigen. Die herausgegebenen Bildungs- und Erziehungspläne stehen auf dem Prüfstand. Sie thematisieren Bildung unter dem Aspekt der Förderung grundlegender Kompetenzen und Ressourcen, die Kindern ein stabiles Fundament für ihre Entwicklung vermitteln und sie befähigen, ein Leben lang zu lernen.

Aber wie sieht es aus mit der Implementierung der Bildungspläne in die Praxis? Immer deutlicher wird, dass neben dem Ausbau des quantitativen Angebots an Kitaplätzen auch die Frage nach der Qualität der Bildungsarbeit in den Kitas in den Fokus rücken muss.

Die Bildungspläne der Bundesländer

Inzwischen haben alle 16 Bundesländer ihre eigenen Bildungspläne erstellt. Sie unterscheiden sich bereits in der Benennung: So gibt es z. B. das Berliner Bildungsprogramm, die Bildungsempfehlungen in Rheinland-Pfalz, den Orientierungsplan für Bildung und Erziehung in Niedersachen und den Bayrischen Erziehungs- und Bildungsplan.

Auch der Umfang weicht beträchtlich voneinander ab: In Bayern liegt beispielsweise „Der Bayerische Bildungs- und Erziehungsplan für Kinder in Tageseinrichtungen bis zur Einschulung“ in einer überarbeiteten Fassung auf fast 500 Seiten vor. Das Land Brandenburg stellt seine „Grundsätze elementarer Bildung in Einrichtungen der Kindertagesbetreuung im Land Brandenburg“ auf 25 Seiten dar. Zum Teil umfassen die Bildungspläne den Anspruch, Bildung von Geburt an zu verankern und über einen langen Zeitraum festzuschreiben. Der Bildungs- und Erziehungsplan für Kinder von 0 bis 10 Jahren in Hessen ist hierfür ein Beispiel. In Niedersachsen dagegen wendet sich der „Orientierungsplan für Bildung und Erziehung im Elementarbereich niedersächsischer Tageseinrichtungen für Kinder" nur an die Altersgruppe der 3- bis 6-Jährigen, ein eigener Orientierungsplan für die 0- bis 3-Jährigen befindet sich in Arbeit.

Einzelne Bundesländer haben umfangreiche Programme aufgelegt, in denen der jeweilige Bildungsplan fachlich entwickelt, in der Praxis umgesetzt und erprobt und anschließend überarbeitet wird. In anderen Ländern handelt es sich lediglich um knappe Leitlinien bzw. eine kompakte Rahmung des Erziehungs- und Bildungsauftrages von Kindertageseinrichtungen. Die Bildungspläne unterscheiden sich daher sowohl in der Form, in ihrem Umfang sowie in ihren Inhalten als auch in ihrer Intention, eher einen fachlichen Rahmen zu bieten oder praxisrelevante Aussagen aus dem jeweiligen Bildungsverständnis zu entwickeln und den ErzieherInnen an die Hand zu geben.

Strategien der Implementierung

Jedes Bundesland hat seinen ganz eigenen Weg gesucht, um die Bildungspläne nicht nur schriftlich zu fixieren, sondern tatsächlich in der Praxis der rund 50.000 Kitas in Deutschland zu verankern.

Folgende Instrumente, die in ganz unterschiedlicher Intensität und Kombination eingesetzt werden, stehen im Mittelpunkt der Implementierungs-Strategien der Länder:

- Erprobungs- / Pilotphasen
- Wissenschaftliche Begleitung / Evaluation
- Einrichtung von Modell- / Konsultations-Kitas oder Kompetenzzentren
- Qualifizierung von MultiplikatorInnen / LeiterInnen / ErzieherInnen
- Verankerung in der Ausbildung
- Handreichungen / Praxismaterialien
- Öffentlichkeitsarbeit und Internet-Plattformen

Die Fortbildung der pädagogischen Fachkräfte in Bezug auf die Bildungspläne spielt hierbei die wichtigste Rolle. Landesweite Qualifizierungsoffensiven wurden beispielsweise in Baden-Württemberg, Bayern oder auch in Hessen gestartet. Insgesamt sind landesweite und flächendeckende Qualifizierungs-Offensiven für die Praxis aber die Ausnahme geblieben. In der Mehrzahl setzen die Länder auf den Schneeballeffekt durch die Fortbildung von MultiplikatorInnen wie FachberaterInnen oder Kita-LeiterInnen.
Ein wichtiger Baustein bei der Implementierung der Bildungspläne ist auch deren Verankerung in die Ausbildung der Fachschulen und Fachakademien. Aber auch hier ist selbst auf Länderebene keine einheitliche Vorgabe erkennbar – so scheint es z. T. beliebig zu sein, ob die Ausbildungscurricula sich tatsächlich an den Bildungsplänen orientieren.

Die tatsächliche flächendeckende Verankerung der Bildungspläne in den Ländern erweist sich als sehr schwieriger Prozess, der ohne ausreichende finanzielle und personelle Ressourcen kaum erfolgreich umzusetzen ist.

Wie verbindlich sind die Bildungspläne?

Mit der Einführung der Bildungspläne verhält es sich wie mit dem Rechtsanspruch auf einen Kindergarten- bzw. Krippenplatz. Die Verfügbarkeit allein ist noch keine Garantie dafür, dass auch die Qualität der Betreuung gewährleistet ist. Die Verabschiedung eines Bildungsplanes in einem Bundesland gewährleistet nicht, dass in den Kindertageseinrichtungen auch wirklich im Sinne des Bildungsplanes gearbeitet wird.

In der Regel gibt es Vereinbarungen des Landes mit den Trägern, die aber über eine Selbstverpflichtung kaum hinausgehen. Der Grund liegt sicherlich in der Befürchtung, bei einer rechtlich abgesicherten Verpflichtung auch die Kosten für die Implementierung, d. h. für Fortbildung der ErzieherInnen etc., tragen zu müssen. Deutlich wird dies in einem Passus des Niedersächsischen Orientierungsplanes:

„Es lassen sich aus dem Orientierungsplan weder gegen das Land noch gegen die Träger der öffentlichen Jugendhilfe und die kreisangehörigen Städte und Gemeinden finanzielle Forderungen ableiten. Aufgrund der extrem schwierigen Haushaltslage aller öffentlichen Haushalte müssen die formulierten Ziele schrittweise und ohne finanzielle Mehrbelastung gemeinsam umgesetzt und erreicht werden. Die Stärkung des Bildungsauftrages kann deswegen nur im Rahmen der bestehenden finanziellen Möglichkeiten aller Beteiligten verfolgt werden."

Während die meisten Bundesländer den Verbindlichkeitsgrad der Bildungspläne im Hinblick auf mögliche Folgekosten gering gehalten haben, hat Berlin als bisher einziges Bundesland sein Bildungsprogramm verpflichtend eingeführt. Dazu wurde eine „Qualitätsvereinbarung Tageseinrichtung" (QVTAG) zwischen der Senatsverwaltung für Bildung, Wissenschaft und Forschung und den Trägerorganisationen abgeschlossen und mit dem Berliner Kindertagesförderungsgesetz verkoppelt. Die Unterzeichnung der QVTAG ist Voraussetzung für die Zuweisung von Landesmitteln an die Träger und sieht die Überprüfung und Sicherung der vereinbarten Qualität vor (siehe hierzu den Beitrag von Christa Preissing in diesem Band, der den ambitionierten aber steinigen Weg prägnant nachzeichnet, S. 51).

Gesetzlich gestützt ist die Einführung des Bildungs- und Erziehungsplans zwar auch in Bayern, Schleswig Holstein und Thüringen, aber es fehlt hier an einer tatsächlichen Überprüfung. So heißt es in § 6 des Thüringer Kita-Gesetzes lediglich: „In Umsetzung der im Bildungsplan aufgeführten Ziele und Aufgaben erstellt jede Einrichtung eine für sie verbindliche pädagogische Konzeption, die fortzuschreiben ist. Die Konzeption soll auch Aussagen zur Gestaltung der Zusammenarbeit mit den Schulen sowie mit den Angeboten der Familienbildung und -beratung im Einzugsbereich enthalten. Die Kindertageseinrichtungen sollen auf der Basis kontinuierlicher Selbstevaluation unter Einbeziehung der Eltern und in Verbindung mit internen Zielvereinbarungen konsequent und systematisch an der Weiterentwicklung der Qualität arbeiten."

Als Fazit kann festgehalten werden, dass es in fast allen Bundesländern an einer systematischen Steuerung und Begleitung des Prozesses der Implementierung fehlt. Die rechtliche und überprüfbare

Verbindlichkeit der Bildungspläne bzw. darauf fußender Qualitätsvereinbarungen sowie eine Verbesserung der Rahmenbedingungen für die Kita-Praxis sind dabei entscheidende Faktoren (siehe hierzu auch die Beiträge von Ursula Rabe-Kleberg (S. 41) und Susanne Viernickel (S. 61)).

Erfahrungen mit der Implementierung der Bildungspläne

Den Bildungsplänen und ihrer Implemtierung widmete sich ein bundesweiter Workshop des Niedersächsischen Instituts für Frühkindliche Bildung und Entwicklung (nifbe, 2010). Hier kamen ExpertInnen u. a. aus der Frühpädagogik, den Länderministerien, der Wissenschaft und der Praxis zu Wort und diskutierten unter dem Thema „Bildungspläne zwischen Verbindlich- und Beliebigkeit" ihre Erfahrungen mit der Implementierung der Bildungspläne in den jeweiligen Bundesländern. Ausschnitte aus dieser Fachtagung, Hauptvorträge und Best Practice-Beispiele sind in diesem Band zusammengefasst.

So nimmt Ilse Wehrmann auf kämpferische, zuweilen auch provokative Weise das System der frühkindlichen Bildung, Betreuung und Erziehung mit seinen derzeitigen Rahmenbedingungen in den Blick. Sie zeigt auf, dass es mit der quantitativen Aussicht auf einen Kindertagesstättenplatz nicht getan ist, es müssen auch die Rahmenbedingungen stimmen – die Qualität. Ohne eine tiefgreifende Reform und Verbesserung dieser Rahmenbedingungen sieht sie kaum Chancen für eine nachhaltige Umsetzung der Bildungspläne und eine entsprechende Qualitätssteigerung in den Kitas. In diesem Sinne fordert sie einen umfassenden „Marshallplan" für die frühkindliche Bildung (S. 19).

Ursula Rabe-Kleberg beschreibt den schwierigen Schritt von einem (abstrakten) Programm wie den Bildungsplänen zu einem tatsächlich flächendeckenden Prozess in der Praxis; einem Prozess, in dem Professions- und Organisationsentwicklung Hand in Hand gehen. Entscheidend für das Gelingen des Schritts ist für sie der Grad einer rechtlich verbürgten Verbindlichkeit, neben der Formulierung von Qualitätsstandards für die Praxis sowie Fort- und Weiterbildungsangeboten und dem durch die Träger geleisteten Management.

Welche Anforderungen erwachsen den ErzieherInnen konkret aus den einzelnen Bildungsprogrammen der Länder und in welcher Relation stehen sie zu den strukturellen Ressourcen einer Kita, insbesondere dem Personalschlüssel? Wie unterschiedlich der „Personalschlüssel" in den einzelnen Bundesländern definiert wird und wie realistisch die „Fachkraft-Kind-Relation" zu berechnen wäre, das stellt Susanne Viernickel in ihrem Beitrag dar – sie fordert angemessene Zeitkontingente auch für die mittelbare pädagogische Arbeit (siehe S. 61).

Auf welche Weise sich das Konzept der „Kommunalen Bildungslandschaften" durch öffentliche Jugendhilfeträger verwirklichen lässt und zu einer nicht nur quantitativen, sondern verstärkt auch qualitativen Bildungsplanung und auch der Umsetzung der Bildungspläne in den Kitas vor Ort beitragen kann, beschreibt Reinhard Sliwka (S. 91).

Zwischen den oben genannten Fachbeiträgen präsentiert das Buch im Wechsel jeweils Best Practice-Beispiele. (Ambitionierte) Forschung und die Realität, die verschiedenen Ebenen der Umsetzung von Bildungsplänen begegnen einander. Aus der Praxis berichten: Kitas in Niedersachsen (S. 35) und Bayern (S. 75), Sie finden einen Praxisbericht über das kommunale Qualifizierungsprojekt „QUASI" in Heidelberg (S. 101), und spannende Informationen zum Berliner Kita-Institut, das auf exemplarische Weise die Umsetzung der Bildungspläne in einem Bundesland begleitet und auch verbindlich durch interne und externe Evaluationen überprüft (S. 51).

Damit will das Buch einen Beitrag leisten zur Fortführung der Diskussion der wichtigen Frage, wie die Umsetzung der Bildungspläne in den Kitas tatsächlich gelingen kann und was Politik, Träger, Kommunen sowie die ErzieherInnen dazu beitragen müssen und können.

Es will Anstöße geben, welche Anforderungen an erfolgreiche Reformprozesse in der frühkindlichen Bildung, Betreuung und Erziehung definiert werden müssen, damit die Umsetzung der Bildungspläne auch tatsächlich gelingt.

Die Zukunft beginnt heute

Zentrale Forderungen für die frühkindliche Bildung und die Umsetzung der Bildungspläne

Von Dr. Ilse Wehrmann

EIGENTLICH HABEN WIR KEINE ZEIT zu verlieren, doch wir tun uns noch immer schwer in Deutschland. Zu schwer: Zwischen dem, was sich Eltern wünschen und von der Politik mit Recht erwarten, und dem, was sich real im Bereich frühkindlicher Bildung, Erziehung, Förderung und Betreuung tut, klafft eine leider noch viel zu große Lücke. Die Wirklichkeit der deutschen Kita- und Krippenlandschaft lässt nach wie vor zu wünschen übrig – vom nur schleppenden Ausbau der Krippenplätze über eine nur halbherzig betriebene weitere Professionalisierung der ErzieherInnen bis hin zu den angesichts der realen Bedingungen in den Kitas kaum umzusetzenden Bildungsplänen der 16 Bundesländer. Und nun wird angesichts der Finanz- und Wirtschaftskrise von Spitzenpolitikern auch noch in unsäglicher Kurzsichtigkeit über eine Kürzung statt über eine dringend erforderliche Erhöhung der Bildungs- und Familienausgaben diskutiert.

Die Zeche dafür bezahlen unsere Kinder – in doppelter Hinsicht: Sie müssen nicht nur die Steuerlast tragen, sondern ihnen wird ein Stück Zukunft geraubt. Gleiche, faire Bildungschancen für alle Kinder von Anfang an, unabhängig vom Geldbeutel und den Möglichkeiten im Elternhaus, bleiben eine Illusion. Dabei ist Bildungsarmut eines der zentralen gesellschaftlichen Probleme in Deutschland – eine schwere Hypothek auf die Zukunft. Wenn wir schon unseren Kindern und Kindeskindern einen gewaltigen Schuldenberg hinterlassen – mit noch unabschätzbaren sozialen und ökonomischen Folgerisiken –, so ist es

unsere moralische Pflicht, ihnen zumindest durch bestmögliche Bildung die Chance zu geben, das zu gestalten, was sich noch gestalten lässt. Bildung ist der einzige „Rohstoff", mit dem sich der Lebensstandard und die soziale Sicherheit im Hochlohnland Deutschland langfristig halten lassen werden.
Solange aber frühkindliche Bildungsangebote noch immer von der kommunalen Kassenlage und der Einsichtsfähigkeit von Bürgermeistern abhängen, sieht es für die Zukunft kleiner Kinder in Deutschland bitter aus. Die Finanzkrise gibt den ohnehin vielfach vor der Pleite stehenden Kommunen den Rest. Kindergärten sind Wahlleistungen, für die es keine verpflichtenden Standards gibt. Entweder man spart zulasten der Qualität oder man erhöht – wie jüngst der schwarz-grüne Hamburger Senat – kurzerhand die Kita-Gebühren um bis zu 100 Euro monatlich. Bis Ende 2011 sollen so in Hamburg 30 Millionen Euro zusätzlich eingenommen werden. Nachhaltigkeit in der Bildungspolitik von Anfang an bleibt Fehlanzeige.

In den Köpfen der meisten verantwortlichen Politiker scheint die von der Fachwelt seit Jahren propagierte Botschaft nicht anzukommen: Wir müssen die Bildungspyramide vom Kopf auf die Füße stellen. Deutschland liegt nach einer Ende 2008 veröffentlichten UNICEF-Studie zur Kinderbetreuung lediglich auf Platz 13. Auch nach Einführung des Elterngeldes erfüllt es nur fünf von zehn Mindeststandards, die UNICEF formuliert hat, um Aussagen darüber zu treffen, inwieweit ein Land die Entwicklungschancen von Kindern in den ersten Lebensjahren nutzt und fördert.

Die Untersuchung von UNICEF aus dem Jahr 2008 zeigt ein weiteres Mal deutlich: Entweder wir investieren auf international üblichem Niveau in die Zukunft unserer Kinder oder wir riskieren, bei PISA & Co. weiterhin nur die schlechten Plätze zu belegen. Lieber früh investieren als später (teurer) reparieren. Kinder in Deutschland haben – das zeigt eine im Februar 2007 veröffentlichte UNICEF-Studie – schlechtere Zukunftschancen als ihre Altersgenossen in vielen anderen Industrieländern. Das Kinderhilfswerk der Vereinten Nationen hat ermittelt, dass Deutschland auf Rang 11 von 21 Nationen rangiert. Untersucht wurden neben der materiellen Situation die Gesundheit, Bildung, Beziehungen zu Eltern und Gleichaltrigen sowie Lebensweise und Risiken, denen Kinder ausgesetzt sind. Mit einbezogen wurde auch, wie Kinder selbst ihre Lage einschätzen. 2009 stellte eine OECD-Studie der deutschen Familienpolitik erneut ein Armutszeugnis aus: Jedes sechste Kind in Deutschland gilt als hilfsbedürftig, im OECD-Schnitt ist es nur jedes achte. Kinderarmut bedeutet hierzulande in erster Linie Chancen-, weil Bildungsarmut. Eine Reform des frühkindlichen Bildungssystems (einschließlich der notwendigen verbesserten Finanzausstattung) wäre ein wirksamer Schritt gegen Bildungs- und Kinderarmut. Kritisiert wurde von der OECD stets, dass Deutschland mit 40 Prozent vergleichsweise viele Mittel direkt an Eltern zahlt, während die (Bildungs-)Infrastruktur nicht ausreichend finanziert wird.

Elternwünsche versus Kita-Realität

Was erwarten Eltern von Kinderbetreuungseinrichtungen? – Zur Beantwortung dieser Frage führten das Forsa Institut, die Bertelsmann Stiftung und der Deutsche Industrie- und Handelskammertag (DIHK) Meinungsumfragen durch. Sie wollten wissen, wie zufrieden Eltern mit der Kinderbetreuung sind. Das Ergebnis: etwa zwei Drittel der Befragten

- beklagen, dass es zu wenig Betreuungsangebote für Kinder unter drei Jahren gibt,
- wünschen sich flexiblere Öffnungs- und Betreuungszeiten, insbesondere längere und an die Arbeitszeiten angepasste Betreuungszeiten (nicht mehr nach dem Motto „Samstags und in den Ferien zu"),
- halten die derzeitigen öffentlichen Angebote der Förderung von Kindern zwischen null und sechs Jahren für unzureichend,
- befürworten einen bundesweit verbindlichen Rechtsanspruch auf Bildungs- und Betreuungsangebote auch für Kinder unter drei Jah-

ren – unabhängig von deren Herkunft, von der Familiensituation und vom sozialen Status ihrer Eltern.

Über 80 Prozent der Befragten waren übrigens der Meinung, dass im Krippenbereich nicht nur der Umfang und Preis, sondern vor allem die Qualität des Angebots eine wichtige Rolle spielt.

Die Wünsche an die Kinderbetreuung werden umso verständlicher, betrachtet man die Erwerbssituation von Müttern und Vätern etwas genauer. Die Erwerbsquote bei Müttern ist im Zeitraum von 1996 bis 2004 um sechs Prozent auf 61 Prozent gestiegen, wobei in den westlichen Bundesländern die Teilzeit-, in den östlichen die Vollzeitarbeit dominiert. Im Westen wollen knapp 70 Prozent der nicht erwerbstätigen Mütter mit Kindern bis zu zwölf Jahren einen Beruf ausüben, im Osten sogar zirka 90 Prozent.

Dieser Wunsch ist nachvollziehbar angesichts der Tatsache, dass ein Erwerbseinkommen heutzutage in der Regel nicht mehr ausreicht, um eine Familie zu finanzieren. Statistisch betrachtet erwirtschaftet in Deutschland in Familien mit zwei berufstätigen Elternteilen die Frau zirka 35 Prozent des Familieneinkommens. Die wenigsten Familien können auf dieses Geld verzichten. Im Gegenteil: Nach einer Erhebung des Statistischen Bundesamtes aus dem Jahr 2005 würden rund 36 Prozent der erwerbstätigen Mütter in Westdeutschland, deren Kinder in Kindergärten nur halbtags betreut werden, ihre Arbeitszeit bei längerer Betreuungszeit gerne ausdehnen.

Unsere Gesellschaft leistet sich noch immer den bildungspolitischen wie volkswirtschaftlichen Unsinn, junge Menschen – in der Mehrzahl trifft dies leider immer noch Frauen – zu qualifizieren und auszubilden, um ihre Berufskarriere mit der Geburt des ersten Kindes abrupt abreißen zu lassen. Die Betreuungszeiten und Platzkapazitäten sind keinesfalls am Bedarf von Familien orientiert, sondern lassen mehr als zu wünschen übrig. Wertvolle berufliche Qualifikationen verfallen, insbesondere Mütter verlieren nach längerer Familienpause beruflich den Anschluss und müssen später deutlich unterhalb ihres eigentlichen Qualifikationsniveaus liegende Stellenangebote annehmen oder sich mühsam mit Kursen und Trainingsmaßnahmen auf einen beruflichen Neustart vorbereiten. Ohne ein flächendeckendes, hochflexibles, verlässliches und gut ausgestattetes Kita-System für alle 0- bis 6-Jährigen kann von wirklicher Vereinbarkeit von Beruf und Familie nicht die Rede sein.

Wahlfreiheit ist ohne Alternative

Der Stand des politischen Denkens in punkto frühkindliche Bildung hält mit der gesellschaftlichen Entwicklung wie auch den Forschungserkenntnissen auf diesem Gebiet nicht Schritt. Wo wir stehen, zeigt die Diskussion um den Krippenausbau. Während politisch über das Krippenausbauprogramm und seine Finanzierung gestritten wird, flammt immer wieder die längst überholt geglaubte, hoch ideologisierte Diskussion darum auf, welche Erziehungs- und Betreuungsform besser ist. Da wird die „Rabenmütter"-Argumentation aus der Mottenkiste geholt (von Rabenvätern spricht interessanterweise niemand) und konservative Kräfte versuchen erfolgreich, eine „Herdprämie" politisch durchzusetzen.

Geplant ist lediglich, für etwa ein Drittel der in Frage kommenden Kinder unter drei Jahren einen Betreuungsplatz anbieten zu können. Etwas mehr Wahlfreiheit zu ermöglichen, hat nichts mit einem Zwang zur Fremdbetreuung zu tun. Die frühkindliche Bindungsforschung hat längst gezeigt, dass stabile Beziehungen für Kinder zwar sehr wichtig sind. Doch das bedeutet keinesfalls, dass allein die Mutter 24 Stunden an sieben Tagen in der Woche beim Kind sein muss. Kinder brauchen Kinder und auch andere Erwachsene, zu denen sie Vertrauen aufbauen können. Da es heute kaum noch Großfamilien gibt, in denen dieser vielfältige Austausch mit unterschiedlichen Bezugspersonen stattfindet, ist die Krippengruppe in mancher Hinsicht der geeignetere Ort für das Aufwachsen von Kindern. Soziales und kommunikatives Lernen ist hier oftmals eher möglich als in der Kleinfamilie, teils auch noch ohne Geschwisterkinder. Für Stadtteile mit sozialen Brennpunkten oder „Problemfamilien" gilt sogar: Hier sind Kinder meist besser in der Krippe oder Kita aufgehoben als in einem anregungsarmen häuslichen Umfeld.

Deutschland muss angesichts der demografischen Entwicklung schnellstmöglich wieder ein kinderfreundliches Land werden, in dem sich Menschen für Kinder entscheiden, weil Kinder ein Zugewinn an Lebensglück, -erfahrungen und Lebensqualität sind. Solange Vereinbarkeit von Beruf und Familie für viele junge Paare ein Wunschtraum ist, bleibt für Familien- und Kinderpolitik noch viel zu tun. Deutschland tut sich angesichts dieser Aufgabe schwer: Das Krippenausbauprogramm ist zwar auf den Weg gebracht, doch schon scheren einzelne Länder aus und nehmen ihre eigenen Interpretationen über die Verteilung und Beteiligung an der Finanzierung vor.

Von einem Konsens und einheitlichen politischen wie finanziellen Rahmenbedingungen sind wir angesichts der föderalen Hindernisse weit entfernt. Frühkindliche Bildung, auch die ganz frühe für unter Dreijährige, hängt hierzulande noch immer von der kommunalen Kassenlage und der Einsichtsfähigkeit von Bürgermeistern und Kommunalpolitik ab. Mit dieser Struktur, mit föderalen und kommunalen Schranken im Weg, lässt sich die dringend nötige Bildungsoffensive kaum widerstandsfrei und in der nötigen Geschwindigkeit auf den Weg bringen.

Die Herausforderungen

Ein Krippenausbau für unter dreijährige Kinder, der neben Betreuung auch die frühkindliche Bildung im Blick hat und zudem eine bessere Vereinbarkeit von Familie und Beruf ermöglicht, erfordert:

> 1. *Eine angemessene **Qualität** und **personelle, finanzielle und sachliche Ausstattung,** denn es geht nicht nur um das „Verwahren" von Kindern, sondern um Bildung von Anfang an.*

Der Bund muss sich nicht nur an den Investitionskosten für den Bau neuer Kitas, beispielsweise für unter Dreijährige, beteiligen, sondern auch am laufenden Betrieb. Denn dort entstehen die eigentlichen Kosten. Wenn der Krippenausbau für unter Dreijährige tatsächlich darauf zielt, diese Kinder besser zu bilden und zu fördern, dürfte nicht ausschließlich über die Zahl der Plätze diskutiert werden. Gegenwärtig besteht die Gefahr, dass sich Fehler aus der Vergangenheit wiederholen. So hat der Gesetzgeber 1996 zwar den Rechtsanspruch auf einen Kindergartenplatz für Kinder von drei bis sechs Jahren festgeschrieben, doch dabei hatte man vor allem die Zahl der Plätze im Auge, aber leider nicht so sehr deren Qualität. Gruppengröße, Qualifikation der pädagogischen Fachkräfte oder Ausstattung der Einrichtungen blieben zweitrangig. Die Bundesregierung rechnet zwar mit 68.000 zusätzlich nötigen ErzieherInnen – über eine zusätzliche Qualifizierung für die Betreuung und Bildung unter Dreijähriger wird jedoch noch nicht gesprochen. Wer unter Dreijährige ohne zusätzliche Personalkapazitäten als Lückenfüller in normale Kindergartengruppen steckt, missachtet deren Bedürfnisse. Hier zu sparen heißt, entwicklungspsychologische Erkenntnisse komplett über Bord zu werfen und Kinder allenfalls zu verwahren, statt sie altersangemessen zu fördern

2. Zusätzlich für diese Altersgruppe ***qualifiziertes Personal:*** *Unter Dreijährige haben andere Bedürfnisse und stellen andere pädagogische Anforderungen. Grundsätzlich gilt: Um internationalen Standard zu erreichen, müssen auch in Deutschland FrühpädagogInnen endlich auf Universitätsniveau ausgebildet und dementsprechend auch vergütet werden.*

3. Instrumente der ***Qualitätssicherung****, einen „Krippen-TÜV": Evaluationen und Gütesiegel, die auch sonst im Kita-Bereich längst überfällig sind, müssen von vornherein Anwendung finden.*

*4. **Stärkere Kontrolle und verbindlichere Vorgaben angesichts der Trägervielfalt:** Das etablierte Trägersystem mit seinen Beharrungstendenzen ist nicht flexibel und schnell genug, um allein den Herausforderungen beim Ausbau der Betreuungskapazitäten für unter Dreijährige gerecht zu werden. Eine unübersichtliche Vielzahl von Trägern tummelt sich auf dem Reformfeld frühkindlicher Bildung. Diese können sich politisch mehr oder weniger ungesteuert und unkontrolliert nach eigenem Belieben entfalten und bewegen – oder für Stagnation sorgen.*

*5. Einen **klaren Blick auf integrative und soziale Erfordernisse:** Kinder mit Migrationshintergrund, aus „Problemfamilien" oder mit besonderem Förderbedarf müssen so früh wie möglich integriert werden und bereits in der Krippe optimale Förderbedingungen vorfinden. Alle Kinder, nicht nur die berufstätiger Eltern, müssen Anspruch auf einen Krippenplatz haben.*

Pädagogisch spricht vieles für den Ausbau der Betreuungsangebote vor allem für Kinder unter drei Jahren. Durch den Ausbau der Krippenbetreuung könnten unter Dreijährige gezielter gefördert werden. Bildung beginnt nicht erst mit dem bisherigen Kindergartenalter von drei Jahren. Je früher Förderung und Bildung einsetzen, desto besser für die Entwicklung der Kinder. Gerade bei Familien in benachteiligten und schwierigen Lebenssituationen kann eine Krippenbetreuung der Kinder für deren Entwicklung nur vorteilhaft sein. Vorausgesetzt, die Qualität stimmt, wozu insbesondere der Einsatz qualifizierten Personals zählt. Kinder aus einem schwierigen häuslichen Lebensumfeld benötigen einen anderen Betreuer-Kind-Schlüssel. Dazu zählt auch die Integration behinderter Kinder, die eine bessere Personalausstattung braucht, um sie beispielsweise körperlich zu unterstützen. Grundsätzlich gilt: Je jünger die betreuten Kinder, desto intensiver muss die Betreuung durch einen verbesserten Personalschlüssel gewährleistet sein. So können auch „Risikokinder" schneller erkannt und besser aufgefangen werden.

Reformschritte nach Marshallplan-Vorbild

Solange wir die Bildungschancen unserer Kinder von der Kassenlage und Einsichtsfähigkeit der Kommunen abhängig machen, ist der entscheidende Befreiungsschlag nicht erfolgt. Die Reform der frühkindlichen Bildung braucht einen Marshallplan, der auf zehn Jahre hin ausgelegt und finanziert ist. Ohne eine Bundeszuständigkeit, eine gesicherte Finanzausstattung auf internationalem Niveau von mindestens einem Prozent des Bruttoinlandproduktes und eine Ausbildung wie Weiterqualifizierung der FrühpädagogInnen auf Universitätsniveau, werden wir die Abstiegsplätze in Sachen Bildung nicht verlassen können.

Zu viel hängt in Deutschland vom Wissen, der Einsichtsfähigkeit und nicht zuletzt vom Geldbeutel der Eltern ab. Nach einer neuen Studie des Deutschen Studentenwerkes besuchen 88 von 100 Akademikerkindern das Gymnasium, 83 von 100 studieren. Bei nicht-akademischen Eltern ist die Quote erschreckend niedriger: Lediglich 46 von 100 Kindern gehen zum Gymnasium und nur 23 besuchen eine Hochschule. Das heißt für unsere Kinder: Bildung hängt am Elternhaus, dessen finanziellen und intellektuellen Möglichkeiten. Kinder aus bildungsfernen Elternhäusern bekommen in diesem System nicht die Chancen, die sie verdienen.

Alle Beteiligten – Bund, Länder, Kommunen, Fachleute aus Wissenschaft und Praxis – gehören an einen Runden Tisch, der die Reformen steuert. Voraussetzung bleibt ein Staatsvertrag zwischen Bund und Ländern, um einheitliche Bildungschancen für Kinder unabhängig von kommunaler Kassenlage und Einsichtsfähigkeit zu gewährleisten. Viele Potenziale bleiben sonst ungenutzt, Bildungs- und damit Chancengerechtigkeit eine Illusion – mit fatalen Folgen in der zukünftigen Wissensgesellschaft. Deshalb: Die Zukunft beginnt heute – bei unseren Kindern und ihrer Bildung.

Was ist konkret zu tun?

1. Umsteuern bei der Finanzierung frühkindlicher Bildung

Wenn wir unser Bildungssystem für Kinder durchgreifend revolutionieren wollen, muss künftig der Bund für die Bildungsfinanzierung zuständig sein. In der Ausgabenpolitik ist zudem ein radikaler Richtungswechsel zugunsten der Entwicklungschancen unserer Jüngsten vonnöten. Ohne zusätzliches Geld sind die Rahmenbildungspläne das Papier nicht wert, auf dem sie geschrieben sind. Wenn Kindertageseinrichtungen keine bessere Ausstattung bekommen, sind diese hochgesteckten Bildungsziele schlicht nicht umsetzbar.

Zwar zahlen wir das höchste Kindergeld, haben aber zugleich im europäischen als auch im internationalen Vergleich die schlechteste Infrastruktur in unseren frühkindlichen Bildungseinrichtungen. 160 Milliarden Euro, etwa drei Prozent des Bruttoinlandsproduktes, investiert der Staat jährlich für Familienleistungen. 153 Positionen umfasst der Leistungskatalog, hat die Bundesregierung ermittelt. Vom Kindergeld (35 Milliarden Euro), dem Ehegattensplitting (20 Milliarden Euro Mindereinnahmen), Elterngeld (4 Milliarden Euro), beitragsfreier Mitversicherung in der gesetzlichen Krankenversicherung (12,5 Milliarden Euro), Anrechnung von Kindererziehungszeiten auf die Rente (11 Milliarden Euro), Waisenrentenzahlungen (1 Milliarde Euro) bis hin zur Jugendhilfe (10 Milliarden Euro) reicht dieser Katalog.

Dagegen investiert Deutschland in die frühkindliche Erziehung, Bildung und Betreuung im internationalen Vergleich deutlich weniger als andere Länder. Die öffentlichen Ausgaben für die Kindertagesbetreuung belaufen sich auf rund 10,5 Milliarden Euro im Jahr. Dies entspricht 0,42 Prozent des Bruttoinlandprodukts (BIP). Damit wenden wir nicht einmal die Hälfte dessen auf, was die OECD für den vorschulischen Bereich als Finanzausstattung fordert. Wollte Deutschland die Qualität des vorschulischen und schulischen Systems der skandinavischen Länder erreichen, müsste es sogar mehr als vier Mal so viel wie bislang in den Kindergarten- und Grundschulbereich investieren. 12 Milliarden Euro fehlen jährlich in diesem System, um internationales Qualitätsniveau zu erreichen. In anderen Ländern kommen ein bis drei Prozent des BIP der frühkindlichen Bildung zugute. Ohne eine spürbare zusätzliche Finanzspritze wird sich in Deutschland nichts verbessern.

2. Verbesserung des Personalschlüssels

Wenn unsere Kitas nicht bloße Verwahranstalten sein, sondern Kinder bilden und fördern sollen, ist ein anderer Personalschlüssel nötig. Außerdem müssen die Gruppengrößen verkleinert werden. Eine Erzieherin für sechs bis acht Kinder ist europäischer Standard. Zum Vergleich: In einigen Bundesländern, zum Beispiel in Bremen, diskutierte die Politik über Jahre hinweg, ob und wie eine Zweitkraft in Gruppen mit 20 Kindern zurechtkommen kann. Kinder mit Migrationshintergrund und behinderte Kinder haben in unserem System grundsätzlich schlechtere Bildungschancen und benötigen daher in kleineren Gruppen eine gezieltere, individuelle Förderung.

3. Qualifizierungsoffensive und angemessene Arbeitsbedingungen

ErzieherInnen brauchen andere Rahmenbedingungen für ihre Arbeit. Wer mit Bildungsprozessen kompetent umgehen will, benötigt dafür eine entsprechende Qualifizierung. Noch sind deutsche Kindergärten weitgehend akademikerfreie Zonen: Nur 3,3 Prozent der Fachkräfte haben einen Hochschulabschluss, selbst bei den freigestellten Leitungskräften liegt der Akademikeranteil bei durchschnittlich nur 16 Prozent.

Dabei haben sich das Berufsbild und das Anforderungsprofil für ErzieherInnen in den letzten Jahrzehnten grundlegend gewandelt. Die bisherige zwei- bis dreijährige Ausbildung auf Fachschulniveau reicht nicht mehr aus, um die heutigen Anforderungen an den Beruf zu erfüllen. Deshalb ist eine grundlegende Reform der Aus- und Weiterbildung der pädagogischen Fachkräfte mit dem Ziel einer weiteren Professionalisierung dringend erforderlich.

Mit der notwendigen Qualifizierung von FrühpädagogInnen auf universitärem Niveau muss sich auch ihr Gehalt anpassen. Indem mehr Personal in die Einrichtungen kommt, erweitert sich der zeitliche Spielraum für Projekte, individuelle Förderung und gezielte Vorbereitungen. Unsere Rahmenbildungspläne verschwinden allesamt wieder in den Schubladen, wenn wir die Arbeitsbedingungen in den Kitas nicht durchgreifend verbessern. Die Zahl gut gemeinter Modellprojekte, Konzeptionen und Empfehlungen ist fast inflationär hoch, doch sie verpuffen letztlich. Es fehlt die steuernde und ordnende Hand, denn alles läuft unkoordiniert und unverbindlich nebeneinander her.

Die Professionalisierung könnte kurzfristig für bereits berufstätige ErzieherInnen durch ein berufsbegleitendes Weiterbildungsstudium mit Bachelor-Abschluss erfolgen. Für Einrichtungsleitungen wäre ein berufsbegleitendes Studium mit Master-Abschluss anzustreben (z. B. anhand der Ausbildungscurricula der Hochschulen Bremen, Koblenz oder Bozen). Mittelfristig muss für BerufsanfängerInnen ein Hochschulstudium obligatorisch sein, um in das frühpädagogische Berufsfeld einzusteigen.

4. Qualitätssicherung per Kita-TÜV

Qualitätskontrolle darf in Kindertageseinrichtungen kein Fremdwort mehr sein. Der Kita-TÜV wäre über unabhängige Inspektorenteams zu realisieren, die Angebotsqualität, Ressourcenausstattung und Betriebsorganisation regelmäßig im Abstand von bis zu fünf Jahren unter die Lupe nehmen und konkrete Handlungsempfehlungen aussprechen, sofern sie Verbesserungsmöglichkeiten entdecken.

Was beispielsweise im Gesundheits- oder Pflegebereich längst selbstverständlich ist, muss auch im frühkindlichen Bildungsbereich Eingang finden. Kindergärten brauchen Gütesiegel!

Um die pädagogische Qualität in Kindertageseinrichtungen zu sichern, sind analog zu einem länderübergreifenden Rahmen-Bildungsplan einheitliche Qualitätskriterien erforderlich, die bundesweit für alle Kindertageseinrichtungen verbindlich sind. Letztlich brauchen wir Sanktionierungsmöglichkeiten, wenn Qualitätskriterien wie auch Rahmenbildungspläne von Trägern und Einrichtungen nicht eingehalten werden. Der Entzug der Betriebserlaubnis ist dabei als ultimative Sanktionsmöglichkeit vorzusehen.

Zunächst fehlt jedoch eine unabhängige Institution, die solche Qualitätskriterien festlegt, deren Einhaltung überprüft und entsprechende Gütesiegel vergibt. Damit wären für Eltern Transparenz und Vergleichsmöglichkeiten zwischen Einrichtungen und Trägern geschaffen.

5. Stärkung des Wettbewerbs – um die beste Qualität

Kitas brauchen Anreize, um gute Arbeit zu leisten. Wir sollten uns trauen, das herrschende Trägermonopol endlich aufzubrechen und die Kita-Landschaft durch mehr Wettbewerb aufzumischen. In Deutschland ist es allein den ErzieherInnen und dem Träger überlassen, wie sie arbeiten. Es hat keine Konsequenzen, ob Einrichtungen engagiert arbeiten oder Kinder bloß verwahren. Die Qualität darf aber nicht von einzelnen handelnden Personen abhängen – das ist zu beliebig. Träger haben die Aufgabe, mehr für die Qualifikation ihres Personals zu tun.

6. Gemeinsame, allgemein gültige Bildungsstandards vereinbaren

Wir brauchen einen bundesweit verbindlichen Rahmenbildungsplan, wie z. B. in Schweden, der die Altersgruppe von Null bis Zehn umfasst. Die Bildungspläne Hessens und Thüringens nehmen das gesamte Altersspektrum von 0 bis 12 Jahren in den Blick. Ein besonderes Augenmerk gilt nach diesem Vorbild der Entwicklung von Bildungsplänen, die einen kontinuierlichen Bildungsverlauf und den Übergang vom Kindergarten zur Schule fördern. Die ersten sechs Lebensjahre dürfen nicht länger als Vorbereitungszeit für die Schule betrachtet werden. Sie sind eine eigenständige Phase mit vielfältigen Entwicklungsmöglichkeiten, die die Bildungsbiografie jedes Menschen prägen. Aus entwicklungspsychologischen Überlegungen ist es sinnvoll, den traditionellen Bereich der Elementarerziehung (Kindergarten) und den der Primarstufe (Grundschule) als eine Einheit zu begreifen und zu gestalten.

Eine wesentliche Schwachstelle im System der Tageseinrichtungen für Kinder ist, dass die von den Ländern vorgelegten und veröffentlichten Bildungspläne uneinheitlich und unverbindlich sind. Hinzu kommt die völlige Beliebigkeit ihrer inhaltlichen Ausgestaltung, Umsetzung und Qualitätssicherung. Nach wie vor ist es jedem Träger überlassen, ob und in welchem Maße er die Bildungspläne in seinen Einrichtungen umsetzt oder auch nicht. Anders als beispielsweise in Schweden oder auch Australien fehlt bei uns ein länder- und institutionenübergreifender Bundes-Rahmenbildungsplan. Dieser müsste einen verbindlichen inhaltlichen Orientierungsrahmen sowie verbindliche Qualitätskriterien für die Einführung der Bildungspläne und für die Qualitätsentwicklung und -sicherung vorgeben. Alle Bildungspläne der Länder müssten die vorgegebenen Rahmenbedingungen erfüllen und würden den Bundesrahmenplan inhaltlich weiter ausgestalten und mit Leben füllen.

Wie die Bildungspläne der Länder für die frühkindliche Bildung unterscheiden sich auch die Ausbildungsbedingungen und -curricula für Erzieher je nach Bundesland. Deshalb benötigt auch die Ausbildung der pädagogischen Fachkräfte einen einheitlichen, bundesweit geltenden und verbindlichen Orientierungsrahmen, ein Bundes-Kerncurriculum. Innerhalb dieses Rahmens können die Länder ihre Ausbildungscurricula für ErzieherInnen ausgestalten. Neben der Entwicklung dieses Kerncurriculums muss aber auch gewährleistet sein, dass die darin festgeschriebenen Inhalte, Kompetenzen und Methoden adäquat vermittelt werden.

Ganzheitlich lernen – Lernen als Prozess

Noch eine grundsätzliche Anmerkung zur Zielsetzung von Bildungsplänen: Wenn die Kinder mit ihren Erziehungs- und Bildungsbedürfnissen im Mittelpunkt stehen sollen, dann sind Bildungspläne im traditionellen Sinne von zweitrangiger Bedeutung. Selbstverständlich sind inhaltliche Orientierungen erforderlich, sie lassen sich aber nicht in einen „Bildungsplan" gießen. Kinder sollen entwicklungsorientiert lernen. Deshalb geht es nicht darum, eine Auflistung von Inhalten und

Themen – womöglich noch in einer bestimmten zeitlichen Abfolge – „abzuarbeiten". Aus diesem Grund sind im Elementar- und Primarbereich nur lernzielorientierte Rahmenpläne sinnvoll, die passend zur Altersstufe die Entwicklungslogik der Kinder berücksichtigen. Diese Rahmenpläne sollten dann in den jeweiligen Institutionen von allen Beteiligten – auch den Eltern – präzisiert, fortlaufend überprüft und verändert werden. In diesen Prozess fließen sowohl die Entwicklung der Kinder als auch ihre bisherigen Lebens- und Sozialisationserfahrungen mit ein. Rahmenpläne sind das unsichtbare Geländer in einer möglichst anregenden Umgebung, in der Kinder lernen, sich eigenständig ihre Umwelt zu erschließen.

Wir müssen neu lernen, unsere Kinder zu lieben und ihnen die bestmöglichen Entwicklungs- und Bildungsbedingungen zu eröffnen. In einem der reichsten Länder der Erde müssen wir endlich beginnen, kräftig in unsere Zukunft zu investieren – nicht nur in milliardenschwere „Bankenrettungspakete". Ohne einen grundsätzlichen Mentalitäts- und Paradigmenwechsel werden uns Ergebnisse wie die von PISA über OECD bis UNICEF erhalten bleiben. Statt in alarmiertem Schein-Aktionismus zu verharren, muss Kinderpolitik von Prävention und Nachhaltigkeit bestimmt sein. Nelson Mandela hat unnachahmlich formuliert, worum es geht: „Eine Gesellschaft offenbart sich nirgendwo deutlicher als in der Art und Weise, wie sie mit ihren Kindern umgeht."

„Wir leben unser Konzept“

Die Umsetzung des Orientierungsplans für Bildung und Erziehung im Elementarbereich niedersächsischer Tageseinrichtungen für Kinder in der Kita Hainholz

Von Dr. Karsten Herrmann

DAS ERSTE, WAS DEM BESUCHER in der Kita Hainholz in Hannovers Nordstadt auffällt, ist die gelassene und erstaunliche ruhige Atmosphäre. In kleinen Grüppchen spielen die Kinder an diesem sonnigen Frühlingstag auf dem Außengelände, fahren mit ihren Laufrädern und Bobby Cars auf den Wegen und begrüßen den Besucher beiläufig aber freundlich. ErzieherInnen sind keine zu sehen, die Kinder sind unter sich und mit sich im freien Spiel. An der Eingangstür macht ein Kunstprojekt à la Gaudi neugierig und führt zu weiteren Kunst- und Bastelprodukten im Foyer. Auch hier laufen vereinzelt Kinder im Spiel herum, suchen nach der kleinen Freundin oder nach einem bestimmten Spielzeug. Schnell wird klar: In dieser Kita wird nach dem Offenen Konzept gearbeitet.

Im Büro telefoniert Kita-Leiterin Renate Dreßler gerade mit dem Jugendamt, um die genauen Zuschuss-Beträge für ihre Integrationsgruppe in Erfahrung zu bringen. „Von jeder Stelle bekomme ich andere Zahlen“, beklagt sie ein offenkundiges Zahlen- und auch Zuständigkeitswirrwarr. Doch dann hat Renate Dreßler Zeit für den Besucher, und ihre Kollegin Irmtraud Lohs gesellt sich zu der Gesprächsrunde. Das Thema ist die Implementierung des „Orientierungsplans für Bildung und Erziehung im Elementarbereich niedersächsischer Tageseinrichtungen für Kinder“, der im Jahre 2005 vom Kultusministerium veröffentlicht wurde. Inwiefern hat dieser 60-seitige Orientierungsplan mit seinen acht Lernbereichen und Erfahrungsfeldern die pädagogische Grundhaltung in dieser Konsultations-Kita verändert und die Handlungskompetenz verstärkt? Ist er im Alltag dieser Kita mit vier Kita-Gruppen und einer Hort-Gruppe sowie einem Anteil von 70 Prozent Kindern mit Migrationshintergrund wirklich spürbar?

Wie sich im Gespräch schnell herausstellt, gibt es auf diese Fragen keine eindeutigen Antworten in einer Kita, die sich als eine sich ständig entwickelnde versteht und in der jede Erzieherin und jeder Erzieher den eigenen (Themen-) Bereich in eigener Verantwortung gestaltet. Und dann „ist das Ganze auch schon wieder so lange her", stellt Renate Dreßler ein wenig erschrocken fest. Aber wie war das nun mit der Einführung des Orientierungsplanes?

Erstmals in die Hände bekommen hat Renate Dreßler den Orientierungsplan auf ihrer LeiterInnenrunde, und dann hat sie erst einmal Exemplare für alle KollegInnen bestellt. „Die Entstehung des Orientierungsplanes", so die Kita-Leiterin, „ist völlig an uns vorbeigegangen", und auch Irmtraud Lohs hätte sich „mehr Informationen und Transparenz im Vorfeld sowie eine Beteiligung der Praxis gewünscht".[1]

Vor dem Zeitpunkt der Veröffentlichung des Orientierungsplanes lief in der Kita Hainholz in Kooperation mit der Leuphana-Universität Lüneburg (Prof. Dr. Maria Eleonara Karsten) eine Eigen-Evaluation und es war schon die Überarbeitung des bestehenden Konzeptes geplant. Parallel legte dann auch noch die Evangelische Kirche als Träger ein „Evangelisches Bildungskonzept für den Elementarbereich" vor. Im Zentrum der pädagogischen Arbeit der Kita Hainholz stand bis zu diesem Zeitpunkt das „Offene Konzept" und ein Bild vom Kind, das die Autonomie des Kindes respektiert und insbesondere auf „Selbstverantwortung, Freiraum und Spiel" setzt. Unter diesen Vorgaben hat das Team, so Renate Dreßler, „den Orientierungsplan durchgekaut und intensiv miteinander diskutiert". Zusätzlich wurden die Eltern- und TrägervertreterInnen zu einem Studientag zum Orientierungsplan eingeladen. Der Abgleich der eigenen pädagogischen Grundhaltung mit dem Orientierungsplan fiel dabei positiv aus: beides erwies sich als miteinander vereinbar.

1 Bei der Entwicklung des Orientierungsplanes, die unter der Federführung des Kultusministeriums in einer Arbeitsgruppe aus freien Trägern und ElternvertreterInnen stattfand, wurde nach Angaben des Kultusministeriums ein „Diskussionsentwurf" an alle Tageseinrichtungen für Kinder mit einem Rücklaufbogen versandt und die Rückmeldungen bewertet und partiell berücksichtigt.

In diesem Sinne konnte der Orientierungsplan „als gute Reflexions- und Evaluationsgrundlage" genutzt werden. Die intensive Beschäftigung mit dem Orientierungsplan fand dabei komplett unter Eigenregie statt und an „eine begleitende Unterstützung oder Fortbildung durch das Land" können sich die beiden Erzieherinnen nicht entsinnen.

In ihrem neu entwickelten Konzept nimmt die Kita Hainholz nun direkten Bezug auf den Orientierungsplan mit seinen Bildungszielen in den acht verschiedenen Lernbereichen und Erfahrungsfeldern: „Wir haben dabei versucht, die Leitsätze mit konkreten Inhalten zu füllen", erläutert Renate Dreßler. Unter der Überschrift „Emotionale Entwicklung und soziales Lernen" findet sich im Orientierungsplan beispielsweise folgender Passus:

„Emotionale Kompetenz bedeutet, sich seiner Gefühle bewusst zu sein und Gefühle ausdrücken und zulassen zu können. Dies heißt auch, gegebenenfalls Gefühle zu regulieren sowie mit negativen Gefühlen und Stresssituationen umgehen zu können. Die Fähigkeit, Gefühle bei anderen wahrzunehmen und zu verstehen ist ein weiteres Merkmal emotionaler Kompetenz. Emotional kompetente Kinder sind in der Lage, mit den vielschichtigen Gefühlen des Lebens umzugehen. Sie lernen, sich in andere hineinzuversetzen. [...]

Die sozial-emotionale Entwicklung der Jungen und Mädchen wird positiv beeinflusst, wenn in der Tagesstätte eine wertschätzende Atmosphäre herrscht, die den Kindern Verlässlichkeit und emotionale Sicherheit im Umgang mit den eigenen Gefühlen bietet. Dazu gehören auch Respekt, Akzeptanz und das Ernstnehmen der Gefühle von Kindern und Erwachsenen."

Als ein konkretes Beispiel zur Umsetzung der hier beschriebenen Grundvoraussetzungen und Bildungsziele für die Kinder sind im Konzept der Kita Hainholz die aus der Offenen Arbeit stammenden „Dialogrunden" angeführt:

„Hier geben wir ihnen in einer kleinen Gruppe von bis zu zehn Kindern Raum und Zeit, über ihre Erlebnisse und Themen, die sie beschäftigen, zu reden. [...] In diesem Kreis ist es von großer Bedeutung, einander zuzuhören, Rücksicht zu nehmen, die Gefühle und Bedürfnisse sowie die Grenzen der anderen

PRAXIS

wahrzunehmen und ihnen das gleiche Recht zuzugestehen wie sich selbst. [...] Darüber hinaus ist die Dialogrunde ein Gremium, in dem die Kinder Erfahrungen mit demokratischen Prozessen machen. Sie werden an Entscheidungen beteiligt (Partizipation) ...“

Die „Dialogrunden auf Augenhöhe“ werden in der täglichen Arbeit so als ein zentrales Instrument für die emotionale Entwicklung und das soziale Lernen eingesetzt. Sie sind, wie Renate Dreßler und Irmtraud Lohs ausführen, „Kernelement des Kita-Alltags“ und ersetzen zum Teil sogar die systematische Beobachtung und Dokumentation. „Zuhören und eingehen statt Verhalten zu interpretieren“ heißt hier die Devise.

Die praktische Umsetzung des Lernbereichs 2 aus dem Orientierungsplan – „Entwicklung kognitiver Fähigkeiten und soziales Lernen“ – schildert das Konzept der Kita Hainholz anhand des Themas „Forschen und Experimentieren“:

„In unserem Forscherraum treffen sich die Kinder täglich, um Naturphänomenen auf die Spur zu kommen. Es gibt zurzeit vier feste Forschergruppen [...] und das Angebot des freien Forschens. [...] Zunächst wird gemeinsam eine Aufgabe definiert, dann werden Hypothesen zu bestimmten Fragen entwickelt, das Experiment wird durchgeführt, Beobachtungen werden ausgetauscht und anschließend wird nach neuen Fragen und Lösungsmöglichkeiten gesucht.“

In dem großen und mit vielfältigen Instrumenten, unterschiedlichsten Materialien und Exponaten (darunter gehäutete Vogelspinnen, Libellen und Käfer aller Art) sowie einem Leucht- und Wassertisch ausgestatteten Forscherraum werden Experimente aus den Bereichen Biologie, Chemie und Physik angeboten. Besonders beliebt ist das Experiment, aus ganz normalen Hühnereiern mit Hilfe von Essig Gummi-Eier zu machen und die stattfindenden Veränderungen über mehrere Tage zu beobachten und das Geschehen zu interpretieren.

Auf diese Weise werden im Konzept der Kita Hainholz die Lernbereiche des Orientierungsplanes durchdekliniert und mit eigenen Beispielen – wie der „Feinschmecker AG“, dem „Kunst-Atelier“ oder dem „Kinderwaldprojekt“ – unterfüttert und konkretisiert. Dies gilt auch für den dritten Abschnitt im Niedersächsischen Orientierungsplan unter der Überschrift „Die Arbeit in der Tageseinrichtung für Kinder". Hier werden methodische Aspekte und Aufgaben der ErzieherInnen thematisiert, so die Zusammenarbeit im Team, die Erziehungspartnerschaft mit den Eltern oder die sozialräumliche Vernetzung. Für all diese Themen sind im Konzept konkrete Beispiele und Ausführungen zu finden.

Großen Wert legen Renate Dreßler und Irmtraud Lohs auf die Feststellung, „dass wir unser Konzept tagtäglich leben und nicht nur für andere geschrieben haben". Der niedersächsische Orientierungsplan bot ihnen dabei „einen Rahmen mit viel Freiraum" für die Weiter-Entwicklung und konkrete Ausgestaltung des eigenen Konzepts, in dessen Zentrum die Offene Arbeit steht.

Tagtäglich macht das Team der Kita Hainholz aber auch die Erfahrung, dass die Rahmenbedingungen für die rasant gewachsenen Ansprüche und Anforderungen an die ErzieherInnen wie sie auch im Orientierungsplan zum Ausdruck kommen, nicht mehr stimmen. Als größtes Problem erweist sich die Zeit – die Zeit für den Austausch untereinander, für die Vorbereitung, Beobachtung und Dokumentation, für Fortbildungen und Qualitätsentwicklung. So hat das Team seine Dienstbesprechungen schon außerhalb der offiziellen Arbeitszeit angesetzt und „im Rahmen des Konzeptes der Offenen Arbeit den pädagogischen Tisch eingeführt".

Für die erfolgreiche flächendeckende Implementierung des niedersächsischen Orientierungsplanes – den aus ihrer Erfahrung „viele ErzieherInnen immer noch nicht kennen" – wie auch allgemein für die qualitative Weiterentwicklung der Elementarpädagogik sehen Renate Dreßler und Irmtraud Lohs „Verbindlichkeit und Überprüfung" als unabdingbare Voraussetzung: „Es darf einfach nicht sein, dass schlechte Arbeit einfach weitergemacht werden kann."

Vom Programm zum Prozess

Über notwendige Reformschritte in der frühkindlichen Bildung

Von Prof. Dr. Ursula Rabe-Kleberg

WIE KANN EINE ERFOLGREICHE und nachhaltige Implementierung der Bildungspläne in den Bundesländern aussehen? Wie kann der Prozess gestaltet werden? In diesem Beitrag möchte ich auf zwei notwendige Schritte eingehen, die meiner Meinung nach die Voraussetzung bilden für das Gelingen dieses Prozesses: Dies ist zum einen der Schritt vom Programmgedanken der Bildungspläne hin zu einem engagierten und gelebten Prozess in der Praxis. Zum anderen geht es auch um den nächsten Schritt, den in Zukunft alle Länder tun sollten: den Schritt zu rechtlich verbürgten Verbindlichkeiten zwischen den Akteuren in einem Feld hoher inhaltlicher Vielfalt.

Ich selber habe in der Vergangenheit diverse Reformprozesse in der frühkindlichen Bildung konzipiert. Ich habe sie begleitet, beraten, kontrolliert, evaluiert und auch zertifiziert, d. h. die Probleme, die bei der Umsetzung solcher Projekte auftreten können, sind mir aus der Innensicht vertraut. Nicht in allen Fällen ist eine nachhaltige Umsetzung in die Praxis gelungen, mit vielen Projekten, an denen ich beteiligt war, war ich nicht glücklich, ja sogar oft sehr unzufrieden – und immer war ich zu ungeduldig. Ich möchte meinen Erfahrungshintergrund ein wenig konkretisieren, um zu verdeutlichen, warum es mir so wichtig erscheint, dass der Schritt vom Programm zum Prozess in eine verbürgte Verbindlichkeit münden muss.

An meinem Lehrstuhl an der Martin-Luther-Universität Halle-Wittenberg haben wir das Bildungsprogramm für Kindertagesstätten in Sachsen-Anhalt entwickelt. Wir haben die Umsetzung im Lande sehr genau beobachtet und teilweise auch mit einem Team junger MitarbeiterInnen begleitet. In Landesmodellversuchen in einigen wenigen Einrichtungen zeigte sich, wie schwierig die hochfliegenden Ideen umzusetzen sind. Es hat zu Irritationen, zu Verunsicherungen geführt, zur Rückkehr zu alten Routinen und zu sehr viel Missverständnissen. Häufig konnten die ErzieherInnen perfekt mit den Begrifflichkeiten des Bildungsprogramms umgehen, aber in ihrer Praxis änderte sich nur wenig. Nur dort, wo die Träger bereit waren, sehr viel Zeit und Geld in Teambegleitungs- und Coaching-Prozesse zu investieren und so professionelle Bildungsprozesse der Fachkräfte unterstützt haben, waren Veränderungen in der Praxis beobachtbar.

Als weiteres Beispiel möchte ich hier die Stadt Mülheim an der Ruhr einbringen, die ich in einem Reformprozess berate und begleite, in dessen Kontext sich alle städtischen Einrichtungen in ihrer Praxis an den Grundideen der „Early Excellence" orientieren werden. Das Besondere an diesem Beispiel ist, dass sich hier ein kommunaler Träger gemeinsam mit den FachberaterInnen und den Teams auf den Weg gemacht hat und das Programm „Mülheim bildet – von Anfang an" so nicht politische Prosa bleibt, sondern der Veränderungsprozess Schritt für Schritt in Richtung auf nachhaltige Strukturen und das heißt verbürgte Verbindlichkeit getrieben wird. Entscheidend ist in diesem Vorhaben, dass die Veränderung der professionellen Praxis immer im untrennbaren Zusammenhang mit der Veränderung der Rahmenbedingungen der Praxis gesehen wird, dass also der Reformprozess immer zugleich Organisations- und Professionsentwicklung enthält.

Basisanforderungen des Reformprozesses

Wenn wir uns im Folgenden mit den komplizierten Prozessen der Reform in drei Schritten „Programm – Prozess – Verbindlichkeit" befassen werden, so sollten wir uns zuvor noch einmal kurz der Basisanforderungen an diese Reform versichern:

- Im Zentrum aller unserer Bemühungen stehen die Bildungsprozesse der Kinder und die Kinder mit ihrem Recht auf Bildung und gesellschaftliche Partizipation. Alle unsere Überlegungen müssen an dieser radikalen – im Sinne von grundlegender – Herausforderung orientiert sein.
- Veränderungsschritte richten sich auf die Interaktionen zwischen ErzieherInnen und Kindern und die Bedingungen, unter denen diese im Sinne der ersten Forderung stehen. Das heißt, Wissen, Haltung und praktische Handlungskompetenzen der ErzieherInnen sind auf die Anforderungen kindlicher Bildungsprozesse hin gerichtet. Hierzu bedarf es aber auch Zeit und Raum, d. h. entsprechende Organisation der täglichen Praxis (Einheit von Professions- und Organisationsentwicklung).
- Nachhaltig kann eine solche Entwicklung nur sein, wenn sie die Begrenzung auf wenige hervorragende Bildungsorte überschreitet und zu einer allgemeinen Veränderungsbewegung wird. Auf dieser Ebene sind gesellschaftliche Institutionen, insbesondere aber die Trägerorganisationen in die Pflicht zu nehmen. Hierzu sind Reformschritte nötig, die zu einer rechtlich verbürgten Verbindlichkeit führen.

Relation Programm-Prozess in den Bildungsplänen

Schauen wir uns Reformprogramme im Bereich der frühkindlichen Bildung der letzten Jahre an, so sind grob zwei Typen zu unterscheiden.

Beim ersten wird ein Programm aufgelegt, ohne über den Prozess der Realisierung bereits bei der Formulierung nachzudenken, hier haben wir es mit einem „Programm ohne Prozess“ zu tun (Typ A). Es gibt aber auch eine Reihe von Programmen, die ein vorgefertigtes Muster des dann sogenannten „Umsetzungsprozesses“ gleich mitliefern, ja, wo das Programm von dem Prozess eigentlich nicht zu unterscheiden ist (Typ B).

Die meisten Landesprogramme zur frühkindlichen Bildung gehören zum Typ A. In den letzten fünf bis zehn Jahren sind in allen Bundesländern Programme geschrieben worden, die sich im Grundverständnis von Bildungsprozessen relativ wenig unterscheiden. Es gibt einen breiten, teils aber nur oberflächlichen Konsens darüber, dass Bildungsprozesse von Kindern zentral sind. Unterscheiden kann man diese Programme nach den Vorstellungen über die Rolle der Erzieherin, nach den Erwartungen an die Professionalität der Erzieherin. Werden hier sehr konkrete Vorgaben für das Handeln der ErzieherInnen formuliert, die entfernt an die Vorschriften des Bildungs- und Erziehungsprogramms der DDR erinnern, oder werden – am anderen Ende des Spektrums – lediglich allgemeine Prinzipien und Grundsätze formuliert, die auf die professionellen Fähigkeiten der ErzieherInnen setzen, ihre Praxis nach diesen Prinzipien zu gestalten?

Auf den ersten Blick sieht es so aus, als sei diese Differenz für den Prozess der Umsetzung in die Praxis von entscheidender Bedeutung. Doch ein Blick auf die vielfältigen Reformentwicklungen der letzten Jahre zeigt, dass in beiden Fällen die Frage, wie der Implementierungsprozess zu gestalten ist, wenn er möglichst viele Einrichtungen erreichen soll und so „in der Breite" wirksam werden soll, grundsätzlich ähnlich beantwortet werden kann.

Bei Programmen „ohne Prozess" zeigt sich nämlich, dass es nicht angeht, die Realisierung der Programme dem Zufall zu überlassen: den mehr oder weniger fachlich begründeten Entscheidungen von Einrichtungen und vor allem ihrer Träger, sich den Grundforderungen der Programme anzunehmen und diese umzusetzen oder nicht. Es reicht offensichtlich auch nicht – wie dies in Sachsen-Anhalt geschah – die Umsetzung des Landesprogramms in allen Einrichtungen per Vereinbarung zwischen Landesregierung und allen Trägern als verpflichtende Grundlage für die tägliche Praxis zu erklären. Solche Texte bleiben Deklarationen ohne wirkliche gesellschaftliche Verpflichtung. Wie bereits oben erwähnt, gelang eine nachhaltige Implementierung in die Praxis nur dort, wo die Träger bereit waren, sehr viel Zeit und Geld in

Teambegleitungs- und Coaching-Prozesse zu investieren und so professionelle Bildungsprozesse der Fachkräfte unterstützten.

Schauen wir auf den anderen Typus des Verhältnisses zwischen Programm und Prozess: Hier haben wir es mit Programmen zu tun, die an einzelnen Problemen und Fragestellungen ansetzen, die oftmals von gesellschaftlichen Gruppen angeregt werden, die bis dahin mit dem Kindergarten und kleinen Kindern nur wenig zu tun hatten. Dies sagt nichts aus über die Relevanz der Frage, wohl aber häufig über den Prozess der Umsetzung in der Praxis.

Da sind es zum einen die übergewichtigen Kinder, die in den Blick geraten, da sind es zum anderen die der Industrie fehlenden Ingenieure, die auf ein Defizit im naturwissenschaftlichen Wissen bei Kindern und Jugendlichen verweisen. Angesichts der allgemeinen Diskussionen über die Relevanz der frühen Jahre für grundlegende Entwicklungen von Kompetenzen von Kindern und Jugendlichen entstehen nicht zufällig entsprechende Programme, die in groß angelegten Projekten in die Kindergärten getragen werden. Es werden Trainer – die heißen dann auch so – losgeschickt, die die Teams schulen, sodass diese in der Lage sind, gesündere Frühstücke zu servieren, Bewegungsräume einzurichten, Experimente durchzuführen und andere Aktionen durchzuführen. In der Regel – Ausnahmen bestätigen diese – werden diese Prozesse wenig oder gar nicht mit den grundlegenden Bildungsvorstellungen der Landesprogramme oder der allgemeinen fachlichen Diskurse vermittelt. Diese Aktionen haben aber gegenüber den grundlegenden Bemühungen den großen Vorteil, dass sie zu schnellen Ergebnissen führen, dass Eltern rasch dafür zu begeistern sind und Träger sich in der Sicherheit wiegen können, hier im Konkurrenzkampf um zahlungsfähige Eltern die Nase vorn zu haben. Die Erfahrung zeigt, dass diese Prozessprogramme nur so lange wirken, wie sie laufen, und dass ErzieherInnen, von immer neuen Programmen überrollt, zunehmend mit Gleichgültigkeit und Genervtheit reagieren – auch und vor allem gegenüber grundlegenden Ansätzen der Organisations- und Professionsentwicklung.

Zur Ausgestaltung von Programm und Prozess in der Praxis

Angesicht dieser Beobachtungen müssen wir uns fragen, wie denn das Verhältnis von Programm und Prozess aussehen müsste, damit nicht nach Ablauf einer solchen Projektstruktur eine solche professionelle Müdigkeit entsteht. Wir müssen uns fragen wie wir Entwicklungen etablieren, die nachhaltig wirksam sind, die wirklich auch Organisationsstrukturen der Institutionen berühren, die Arbeitssituation der ErzieherInnen und damit letztendlich die Bildungsmöglichkeiten der Kinder optimieren.

Und dies nicht nur in einzelnen Einrichtungen, sogenannten „Leuchttürmen", denn es geht um das Recht der Kinder – jedes Kindes – auf eine gerechte Bildung, nicht um das Recht einzelner Kinder, die zufällig in einen „Leuchtturm" gehen. Zwar ist die Entwicklung von „Leuchtturm"-Einrichtungen, seien diese Modell-Kitas, mit Gütesiegeln oder anderen Zertifikaten versehene Best-Practice-Orte der frühen Bildung, selbstverständlich ein Schritt in die richtige Richtung: auch wird hier die Vielfalt der Entwicklung in diesem Feld vorwärtsgetrieben. Aber eben auch die Differenz zwischen sehr guten und – sagen wir – Einrichtungen, in denen von Bildungsmöglichkeiten der Kinder nur in Ansätzen ausgegangen werden kann.

Es muss in der weiteren Diskussion um die Etablierung von institutionellen Strukturen in den Ländern gehen, die Nachhaltigkeit wenn nicht garantieren, so doch anstreben – und es muss um rechtlich verbürgte Verbindlichkeit gehen!

Strategien zur nachhaltigen Qualitätsentwicklung

Hier können nun unterschiedliche Strategien und Instrumente der Sicherung und Evaluation von Qualität in der Bildung im frühen Kindesalter daraufhin überprüft werden, welchen Beitrag diese für das Anliegen der Realisierung der Bildungsprogramme haben können. Alle diese Vorgehensweisen müssen daraufhin geprüft werden, ob sie – wie oben angeführt – die Rechte der Kinder auf Bildung stärken, ob sie

Organisations- und Professionsentwicklung zulassen und ob sie nachhaltig zur Qualitätsentwicklung beitragen und nicht nur kurzfristige Effekte produzieren.

Ich möchte hierzu auf zwei grundlegende Strategien eingehen:

1. Qualitätsentwicklung und -sicherung in der Fort- und Weiterbildung für Fachkräfte in der frühkindlichen Bildung sowie auf
2. die Notwendigkeit flächendeckender Evaluierung der Praxisentwicklung in den Einrichtungen.

Diese Strategien zielen zum einen auf die Professionsentwicklung, zum anderen auf die Organisationsentwicklung. In beiden nicht zu trennenden Strategien werden die Träger der Einrichtungen frühkindlicher Bildungsprozesse weit mehr in die Pflicht genommen, als dieses bislang geschehen ist. Hier ist also auch die Fachlichkeit und die fachlich begründete Verantwortlichkeit der Trägerorganisationen weit mehr gefragt, als dies bislang gesellschaftlich und im fachlichen Diskurs geschehen ist.

1. Das Angebot an *Fort- und Weiterbildung der Fachkräfte* ist von Vielfalt und Zufälligkeit geprägt, Aussagen über Qualität oder gar allgemein anerkannte und bekannte Standards sind bis heute kaum anzutreffen. Die Möglichkeiten von ErzieherInnen an entsprechenden Veranstaltungen teilzunehmen, ist äußerst begrenzt. Fort- und Weiterbildungsmöglichkeiten wahrzunehmen, und dieses auf hohem Niveau ist aber Voraussetzung für eine den Anforderungen der Bildungsprogramme angemessene Professionsentwicklung. Es sind zwei aktuelle Entwicklungen zu beobachten, die in diesem Feld zu Verbesserungen führen könnten.

Da ist zum einen das Beispiel Sachsen-Anhalt zu nennen, wo von der Landesregierung ein Projekt aufgelegt wurde, nach dem jeder der knapp 2000 Einrichtungen eine Teambegleitung zu Fragen des Bildungsprogramms von eigens qualifizierten Coaches angeboten wird.

Hier haben wir einen Ansatz, mit einer Fortbildung in die Breite zu gehen, der bislang von den unterschiedlichen Trägern sehr unterschiedlich angenommen wurde.

Das zweite Beispiel ist grundlegender. In einer Arbeitsgruppe aus ExpertInnen aus der Weiterbildung und WissenschaftlerInnen werden zurzeit Standards für die Qualität von Fort- und Weiterbildung in diesem Feld entwickelt, die im Rahmen einer Selbstverpflichtung von den Trägern der Weiterbildung übernommen werden sollen. Diese Arbeitsgruppe wird in Kooperation von dem Projekt WiFF des Deutschen Jugendinstitutes und der Werkstatt Weiterbildung e.V. organisiert. Es wird zu beobachten sein, ob ein wirklicher Einfluss auf die Qualität der Fort- und Weiterbildung in Zukunft zu bemerken sein wird.

2. Im Bereich der *Organisationsentwicklung* in den Einrichtungen sind Evaluationen eine wirksame Strategie. Das Beispiel der Entwicklung in Berlin (siehe den Best Practice-Bericht auf S. 51ff), verweist darauf, dass diese Strategie auch in Kooperation der Landesregierung mit den Trägern in der Breite wirksam werden kann. Voraussetzung für eine entsprechende Sicherung der Qualität in den Einrichtungen ist die Entwicklung von Standards, die sich aus den Bildungsprogrammen ergeben, und ihre Zusammenfassung in entsprechenden Handbüchern. Fortbildung, Teambegleitungen und Qualifizierung von Fortbildnern müssen sich an diesen Standards orientieren. Unabdingbar für eine Entwicklung in Richtung auf die angestrebte rechtlich verbürgte Verbindlichkeit aber ist die Durchführung von Evaluationen und die Entwicklung daran orientierten Qualitätsmanagements vonseiten der Träger.

So lässt sich als ein nächster wichtiger Schritt im Reformprozess der frühkindlichen Bildung die Entwicklung von Qualitätsstandards für die Praxis, für die Fort- und Weiterbildung und für das Management durch die Träger formulieren – und die Entwicklung von Formen der Kontrolle und Sanktionen, die dort eingesetzt werden, wo die Voraussetzungen für die Einlösung der Rechte der Kinder auf Bildung nicht gegeben sind.

Keine leichten Schritte in einem Feld, das bislang durch Vielfalt, Zufälligkeit und durchweg fehlende Kontrolle gekennzeichnet ist.

Vom Programm zur Entwicklung

Zur Implementierung des „Berliner Bildungsprogramms für die Bildung, Erziehung und Betreuung von Kindern in Tageseinrichtungen bis zu ihrem Schuleintritt"

Von Dr. Christa Preissing

Kleine Chronologie zum Berliner Bildungsprogramm

Der erste Entwurf

Das Berliner Bildungsprogramm (BBP) ist in seiner ersten Entwurfsfassung Ende 2002 / Anfang 2003 von einer interdisziplinär zusammengesetzten Arbeitsgruppe unter Leitung von Christa Preissing (Internationale Akademie an der Freien Universität Berlin – INA gGmbH) erarbeitet worden. Beauftragt wurde die INA durch die damalige Senatsverwaltung für Bildung, Jugend und Sport (heute: Senatsverwaltung für Bildung, Wissenschaft und Forschung).

Während des gesamten Jahres 2003 haben in der Folge zahlreiche Informations- und Diskussionsveranstaltungen mit Trägern und Verbänden, Fachkräften aus der Praxis, Expertengruppen sowie eine schriftliche Befragung der Fachkräfte aus der Praxis deutlich gemacht, dass bereits der Entwurf in seinen grundsätzlichen Inhalten und in seiner Struktur eine breite Akzeptanz bei allen Akteurs-Gruppen im System der Tageseinrichtungen gefunden hat.

Gleichzeitig haben wir zahlreiche Hinweise und konkrete Unterstützung für Veränderungen und Erweiterungen erhalten. Die Autorengruppe hat diese in den Entwurf eingearbeitet.

Das Bildungsprogramm als Grundlage für eine Qualitätsvereinbarung

Im Juni 2004 erschien schließlich, herausgegeben von der Senatsverwaltung, das mit allen Trägerorganisationen abgestimmte Programm im Verlag Das Netz. Es wurde allen Kitas und ihren Trägern kostenlos zur Verfügung gestellt.

Mitglieder der Autorengruppe führten im darauffolgenden Jahr in Zusammenarbeit mit dem landeseigenen Sozialpädagogischen Fortbildungswerk (heute: Sozialpädagogisches Fortbildungsinstitut Berlin Brandenburg – SFBB) mehrere Werkstatt-Tagungen durch, um gemeinsam mit FortbildungsreferentInnen und Kita-BeraterInnen Fortbildungs- und Beratungskonzepte zur Einführung des BBP in die Praxis der Kindertageseinrichtungen zu entwickeln. In diesen Arbeitsprozessen entstand eine erste Sammlung von ergänzenden Texten und methodischen Vorschlägen zur Arbeit mit den einzelnen Bestandteilen des BBP und zur fachlichen Auseinandersetzung mit den dem Programm zugrundeliegenden theoretischen Hintergründen.

Die INA entwickelte dann 2005 Materialien zur internen Evaluation, die die Kita-Teams darin unterstützen, ihre pädagogische Arbeit entlang der Qualitätsansprüche des Bildungsprogramms systematisch und kontinuierlich selbst einzuschätzen. Diese internen Evaluationen ermöglichen jedem Team, sich zu vergewissern, in welchen Bereichen die pädagogische Arbeit der Fachkräfte dem Bildungsprogramm bereits entspricht und wo genau der Bedarf für eine Weiterentwicklung der Qualität liegt. Die den Materialien zugrundeliegenden Verfahren und Methoden der internen Evaluation waren von der INA bereits im Rahmen der Nationalen Qualitätsinitiative im System der Tageseinrichtungen für Kinder (NQI) im Teilprojekt „Qualität im Situationsansatz“ erarbeitet und erprobt. Sie wurden jetzt mit Blick auf die Qualitätsansprüche des Berliner Bildungsprogramms neu bearbeitet. An der nationalen NQI war seinerzeit auch das Land Berlin beteiligt, sodass die Verfahren und Methoden der internen Evaluation bereits in einem Teil der Berliner Kitas bekannt waren. Um allen Kitas eine Einführung und fachliche Begleitung bei der internen Evaluation zu ermöglichen, bot INA im Auftrag der Senatsverwaltung MultiplikatorInnenkurse zur Begleitung interner Evaluationen an, die von Kita-BeraterInnen, FortbildungsreferentInnen und LehrerInnen der Ausbildungsstätten sowie von vielen Kita-LeiterInnen in Anspruch genommen wurden. So wuchs sukzessive ein Pool von MultiplikatorInnen, die die Kitas unterstützen konnten. Träger, die bereits mit anderen Verfahren der Qualitätsentwicklung arbeiteten, entwickelten diese Methoden auf der Grundlage des Bildungsprogramms weiter.

Parallel starteten seit 2004 die Verhandlungen zwischen der Senatsverwaltung und den Trägerorganisationen der Landesarbeitsgemeinschaft der Freien Wohlfahrtspflege (LIGA), des Dachverbands der Berliner Kinder- und Schülerläden (DaKS) und unter sukzessiver Beteiligung der sich zeitgleich gründenden Eigenbetriebe. In monatlichen Treffen berät diese ständige Arbeitsgruppe seitdem alle Schritte, die zu einer kontinuierlichen Qualitätsentwicklung und Qualitätssicherung auf der Grundlage des BBP gehören. Abstimmungen erfolgen in dieser Gruppe nach dem Konsensprinzip, d. h. Festlegungen erfolgen nur, wenn alle Verhandlungspartner von deren Sinnhaftigkeit überzeugt sind und zustimmen.

Die Vereinbarung über die Qualitätsentwicklung in Berliner Kindertagesstätten: QVTAG

Als Ergebnis dieser Aushandlungen trat dann mit Wirkung vom 1. Januar 2006 die Qualitätsvereinbarung Kindertagesstätten – QVTAG – in Kraft. Sie wurde gekoppelt mit der Rahmenvereinbarung zur Finanzierung der Kitas durch Landesmittel und ist dadurch verbindlich für alle Träger, die aus Landesmitteln finanziert werden. Jeder Träger hat die QVTAG unterzeichnet und sich so verpflichtet, die darin getroffenen Regelungen in seinen Kitas umzusetzen.

Mit der QVTAG soll erreicht werden,

- „dass alle Berliner Kindertagesstätten ihre pädagogische Arbeit nach den Vorgaben des Berliner Bildungsprogramms entwickeln, damit die Arbeit der Kindertagestätten zunehmend den Anforderungen des Programms entspricht,

- dass die pädagogischen Fachkräfte aller Kindertagesstätten und ihrer Träger den Stand der Umsetzung des Bildungsprogramms in ihren Kindertagesstätten, den vorhandenen Entwicklungsbedarf sowie die hierfür geplanten Maßnahmen kennen und die Eltern, das bezirkliche Jugendamt sowie die für Jugend zuständige Senatsverwaltung auf Nachfrage hin informieren,
- dass die pädagogischen Fachkräfte die quantitativ und qualitativ notwendige Unterstützung für die Umsetzung des Bildungsprogramms erhalten und
- dass die hierfür notwendigen Ressourcen den Trägern und Kindertagesstätten zur Verfügung stehen" (QVTAG, Pkt. 2).

Die Senatsverwaltung hat dann auf der Grundlage einer europaweiten Ausschreibung die INA mit Wirkung vom 1. Juni 2008 beauftragt, ein Institut einzurichten, das die entsprechenden Prozesse der Qualitätsentwicklung zum BBP wissenschaftlich begleiten soll: Das Berliner Kita-Institut für Qualitätsentwicklung, kurz BeKi.

Kernbereiche der QVTAG

Konzeptionsentwicklung

Die QVTAG regelt, dass die Kitas bis Ende 2006 ihre Konzeptionen entsprechend der Rahmenvorgaben des BBP überarbeiten sollten. Die Träger sind verantwortlich, die Kitas dabei u. a. durch die Erarbeitung eigener Trägerleitlinien, die Formulierung klarer Aufgabenprofile für die MitarbeiterInnen und eine entsprechende Fortbildungsplanung zu unterstützen.
Das BeKi hat 2008 eine Zufalls-Stichprobe von 100 Konzeptionen ausgewertet. Die Stichprobe wurde entsprechend der Trägeranteile gemessen an der Gesamtzahl der ca. 2000 Berliner Kitas gezogen. Als Resultat der Auswertung hat das BeKi Empfehlungen für die Weiterentwicklung der Konzeptionen formuliert. Die Senatsverwaltung hat die Broschüre mit den Empfehlungen kostenlos für alle Kitas, Träger, Ausbildungs- und Fortbildungsstätten zur Verfügung gestellt.

Die Analyse der Konzeptionen ist auch Gegenstand der Beratungen mit den Trägerorganisationen, dem landeseigenen Fortbildungsinstitut und mit Ausbildungsstätten. Ziel ist, den Fachkräften solche Unterstützungen bereitzustellen, die sie benötigen, um die Regelungen der QVTAG zu realisieren.

Interne Evaluation

Bis Ende 2008 sollten alle Kitas mit internen Evaluationen zum BBP begonnen haben und diese kontinuierlich als Verfahren der Qualitätsentwicklung nutzen. Die Träger verpflichten sich, hierzu fachliche Unterstützung bereitzustellen.

Die von der INA entwickelten Materialien zur internen Evaluation des BBP wurden von der Senatsverwaltung veröffentlicht und im Frühjahr 2008 an alle Kitas verteilt. Sie können, müssen aber nicht genutzt werden. Denn, wie bereits ausgeführt, können Kitas und Träger auch andere, eventuell schon vor der QVTAG eingeführte Verfahren anwenden, wenn diese entlang der Qualitätsansprüche des BBP angepasst wurden.

Zur Einführung und Begleitung der internen Evaluation hat das BeKi weitere Kurse für MultiplikatorInnen durchgeführt und einen entsprechenden Pool auf seiner Website veröffentlicht. Insgesamt sind bisher rund 230 Fachkräfte qualifiziert, die Kitas bei der internen Evaluation zu begleiten.

Das BeKi führt derzeit eine flächendeckende Befragung in allen Berliner Kitas durch, um die praktischen Erfahrungen mit der internen Evaluation auszuwerten. Die Ergebnisse dieser Recherche werden Ende 2010 vorliegen. Sie sollen zum einen Informationen dazu liefern, wie die Prozesse in den Kitas gestaltet werden können und zu welchen Ergebnissen sie geführt haben. Zum anderen sollen sie wiederum dazu genutzt werden, zu beraten, welche weitere Unterstützung die Kitas für die interne Evaluation wünschen.

Externe Evaluationen

In der QVTAG ist geregelt, dass alle Berliner Kitas beginnend mit 2009/2010 in einem fünfjährigen Turnus extern evaluiert werden.

Die Trägerverbände, insbesondere die Trägerverbände der freien Wohlfahrtspflege, stehen seit Mitte der 90er Jahre im Prozess einer systematischen Qualitätsentwicklung ihrer Einrichtungen. Zu diesem Prozess gehören bei mehreren Trägerverbänden auch Verfahren der externen Evaluation, welche mit großer Entschlossenheit und finanziellem Engagement über viele Jahre entwickelt wurden. Des Weiteren sind im Rahmen der „Nationalen Qualitätsinitiative im System der Tageseinrichtungen für Kinder“ externe Evaluationsverfahren entstanden.

Die bei Anbietern von externen Evaluationen vorhandenen Konzepte und Instrumente für externe Evaluationen, die zunächst unabhängig vom Berliner Bildungsprogramm entwickelt wurden und die damit vorhandenen Ressourcen, sollen für die externen Evaluationen zum Berliner Bildungsprogramm genutzt werden.

Das BeKi hat solche Anbieter externer Evaluationsverfahren entlang eines zwischen den Vereinbarungspartnern der QVTAG abgestimmten „Eckpunkte-Papiers“ fachlich beraten und geprüft und der Senatsverwaltung entsprechende Empfehlungen für die Anerkennung vorgelegt. Derzeit sind im Ergebnis acht verschiedene Anbieter für externe Evaluationen zum Berliner Bildungsprogramm anerkannt.

Um den erhöhten Bedarf in der Zukunft abdecken zu können, hat die INA ein eigenes Verfahren zur externen Evaluation zum Berliner Bildungsprogramm (INA-Konzept) entwickelt, und das BeKi hat qualifizierte pädagogische Fachkräfte in diesem Verfahren ausgebildet. Dabei ist hervorzuheben, dass das BeKi selbst keine Evaluationen durchführt oder in Auftrag gibt.

Die Senatsverwaltung für Bildung, Wissenschaft und Forschung hat bisher für folgende Anbieter eine Anerkennung ausgesprochen:

- Arbeiterwohlfahrt, Landesverband Berlin
- Bundesverband Katholischer Tageseinrichtungen für Kinder – KTK
- Confidentia – Gesellschaft zur Förderung der institutionellen Eigenverantwortung
- Consense Management Service GmbH
- ektimo GbR – Gesellschaft für Evaluation in Kindertageseinrichtungen

- KiQu – Qualität für Kinder (DER PARITÄTISCHE)
- PädQUIS gGmbH – Pädagogische Qualitäts-Informations-Systeme
- Quecc GbR – Quality for Education and Child Care

Im Frühjahr 2010 haben sich alle anerkannten Anbieter in zwei großen Fachveranstaltungen den Trägern vorgestellt, damit diese ein für sie passendes Verfahren wählen können. BeKi hat in Vorbereitung dazu eine Synopse erstellt, die es den Trägern ermöglicht, die Angebote der verschiedenen Anbieter zu vergleichen.

Mit einer leichten Verzögerung startet der erste Durchgang der externen Evaluationen nun mit dem Kita-Jahr 2010/2011. Alle Träger sind aufgefordert, bis spätestens Ende September 2010 zu planen, welche ihrer Kitas sie in welchem Jahr des ersten Fünf-Jahres-Zeitraums evaluieren lassen möchten. Trägern, die dieser Aufforderung nicht nachkommen, wird vom BeKi ein Zeitpunkt zugewiesen. Das BeKi koordiniert in Abstimmung mit den Anbietern den Prozess der externen Evaluation.

Prüfung des Zeitaufwandes für die Qualitätsentwicklung

Die QVTAG führt aus: „Die Vertragspartner sind sich einig, dass die Arbeit nach dem Berliner Bildungsprogramm mehr Zeit zur Vorbereitung und Dokumentation erfordert. Ebenfalls Einigkeit besteht über die Notwendigkeit, die pädagogische Arbeit und die Organisation in den Kindertageseinrichtungen so zu verändern, dass den pädagogischen Fachkräften und der Leitung die Möglichkeit zur Beobachtung, Dokumentation und Evaluation gegeben ist. Die Vertragspartner vereinbaren, die Aufgaben der pädagogischen Fachkräfte zur Umsetzung des Berliner Bildungsprogramms auch hinsichtlich des hierfür notwendigen Zeitaufwandes nach Ablauf von spätestens drei Jahren zu evaluieren" (QVTAG, Pkt. 3.13).

Die Trägerorganisationen haben hierzu 2008 in einem „Aktionsbündnis Kita" eine detaillierte Berechnung der für die mittelbare pädagogische Arbeit notwendigen Zeiten vorgenommen. Sie sind zu dem Ergebnis gelangt, dass knapp ein Viertel der Arbeitszeit einer vollbeschäftigten Fachkraft für mittelbare pädagogische Arbeit, d. h. für die Arbeit, die nicht unmittelbare Arbeit mit den Kindern ist, benötigt werden. Das BeKi hat diese Berechnungen begutachtet und bestätigt. Durch den damals geltenden Personalschlüssel war nur etwa ein Drittel dieser Zeit abgedeckt. Die Senatsverwaltung für Bildung, Wissenschaft und Forschung war nun aufgefordert, zu den Mehr-Forderungen Stellung zu nehmen. Da hierzu Abstimmungen im gesamten Senat und im Parlament erforderlich waren, leiteten die Forderungen einen dynamischen politischen Prozess im Land Berlin ein.

Mit Beginn des Jahres 2009 setzten die Trägerorganisationen die monatlichen Gespräche zur weiteren Ausgestaltung der QVTAG aus, bis zu einem Zeitpunkt, der zu „spürbaren" Verbesserungen in der Personalausstattung führen würde. Sie kündigten an, sich andernfalls von noch nicht näher definierten Teilen der QVTAG zu verabschieden. Im gesamten Jahr 2009 fanden dann zahlreiche (fach-)politische Veranstaltungen sowie ein parlamentarischer Abend mit allen im Abgeordnetenhaus vertretenen Parteien statt. Parallel zum „Aktionsbündnis Kita" leitete der Landeselternausschuss Kitas (LEAK) ein Volksbegehren „Mehr Qualität für die Kitas" ein. Das Volksbegehren wurde zunächst von der Innenverwaltung als unzulässig abgelehnt, weil es in die Haushaltshoheit des Parlaments eingreifen würde. Daraufhin klagte der LEAK das Recht auf ein solches Volksbegehren ein. Im Oktober 2009 erklärte das Berliner Verfassungsgericht den Antrag des LEAK für zulässig. Der Druck auf Senat und Parlament war durch die gesamten Aktionen so gewachsen, dass Ende des Jahres 2009 tatsächlich eine Novelle des Kita-Gesetzes verabschiedet wurde, die regelt, dass in einem zweistufigen Prozess bis 2011 den Forderungen nach mehr Personal entsprochen werden wird. Zusätzlich wurde Anfang 2010 in der Rahmenvereinbarung zur Finanzierung der Kitas aus Landesmitteln festgelegt, dass für jedes Kind in einer Kita pro Jahr ein Betrag von 10 Euro für Evaluation zusätzlich zu den bisherigen Sachkosten aus Landesmitteln gezahlt wird.

Die Vertragspartner nahmen mit Januar 2010 die Gespräche zur Ausgestaltung der QVTAG wieder auf, sodass auch der oben beschriebene Prozess der externen Evaluationen in die Wege geleitet werden konnte.

Fazit

Nicht das Bildungsprogramm „an sich“, sondern die Qualitätsvereinbarung führt zu einem hohen Maß an Verbindlichkeit. Die belastbare und konstruktive Kooperation der Trägerorganisationen untereinander sowie mit der Fachabteilung der Senatsverwaltung hat es möglich gemacht, dass notwendige Ressourcen für die vereinbarten Qualitätsentwicklungsprozesse auch zur Verfügung gestellt werden. Die organisierte Elternschaft hat durch die Einleitung des Volksbegehrens, das dann letztlich nicht mehr erforderlich war, viel zum Gelingen beigetragen.

Die Fachkraft-Kind-Relation

Schlüssel zu guter Bildung, Erziehung und Betreuung?[2]

Von Prof. Dr. Susanne Viernickel

KINDERTAGESEINRICHTUNGEN ERFÜLLEN vielfältige Funktionen: Sie tragen erstens durch die Gestaltung der pädagogischen Umwelt und der pädagogischen Interaktionen unmittelbar zur Bildungsförderung und Persönlichkeitsentwicklung von Kindern bei, wobei sie sowohl kompensatorisch als auch primärpräventiv wirksam werden sollen. Sie sollen die Erziehung und Bildung in der Familie unterstützen und ergänzen, z. B. durch Beratung, Austausch und Übermittlung an ExpertInnen und Fachdienste. Und sie stellen eine Infrastruktur zur Verfügung, die Familien die Balance zwischen beruflichen und familiären Leistungen erleichtert.

Diese fachlichen Aufgaben müssen unter bestimmten strukturellen Rahmenbedingungen bewältigt werden. Den gestiegenen Anforderungen in quantitativer und qualitativer Hinsicht steht eine Stagnation oder sogar ein Rückgang der Qualität in einigen strukturellen Merkmalen der Kindertagesbetreuung gegenüber. Unter diesen Voraussetzungen erleben viele Fachkräfte die Personalausstattung als niedrig und die Belastung und Arbeitsintensität als (zu) hoch (Rudow, 2004; Gewerkschaft Erziehung und Wissenschaft, Forschungsverbund Deutsches Jugendinstitut, Universität Dortmund, 2007, S. 41f.; Gewerkschaft Erziehung und Wissenschaft, 2008, S. 11).

Vor dem Hintergrund einer zu vertiefenden Debatte um die Qua-

2 Der vorliegende Beitrag ist eine leicht geänderte Fassung des Artikels „Vielfältige Anforderungen an die pädagogische Arbeit in Kindertageseinrichtungen bei unzureichender Personalausstattung", zuerst erschienen in Theorie und Praxis der Sozialpädagogik (TPS), 2009 (9), S. 43–48. Ich danke dem Verlag für die Abdruckgenehmigung.

lität der Kindertagesbetreuung müssen die Strukturmerkmale der Qualität verstärkt in den Blick genommen werden. Der Paritätische Gesamtverband, das Diakonische Werk der EKD e. V. (DW EKD) und die Gewerkschaft Erziehung und Wissenschaft (GEW) haben deshalb die Expertise „Schlüssel zu guter Bildung, Erziehung und Betreuung – Wissenschaftliche Parameter zur Bestimmung der pädagogischen Fachkraft-Kind-Relation" in Auftrag gegeben, deren Ergebnisse im Mai 2009 vorgestellt wurden. Sie stellt in einer systematischen Form wissenschaftliche Informationen zur Verfügung, auf deren Grundlage eine an pädagogischen Zielsetzungen orientierte Bestimmung der Personalausstattung von Kindertageseinrichtungen erfolgen kann. Dieser Beitrag fasst die Grundaussagen der Expertise zusammen.

Die Anforderungen an die pädagogische Arbeit in den Bildungsprogrammen der Länder

Die Bildungsprogramme[3], -pläne oder -empfehlungen der Bundesländer bilden heute die inhaltlich-fachliche Grundlage der pädagogischen Arbeit und der Bildungsarbeit in den Kindertageseinrichtungen. An ihnen lässt sich besonders eindrucksvoll die Aufwertung von Kindertageseinrichtungen zu Institutionen mit einem ausformulierten und umfassenden Bildungsauftrag ablesen. Auch wenn die Bildungsprogramme in den einzelnen Bundesländern einen sehr unterschiedlichen Verbindlichkeitsgrad und Rechtsstatus haben, sind ihre Aussagen doch grundsätzlich als normative Vorgaben zu verstehen.

In der Expertise wurde erstmalig systematisch analysiert, welche Anforderungen an die Arbeit von ErzieherInnen in Kindertageseinrichtungen in den einzelnen Bildungsprogrammen der Bundesländer bestehen. Dazu wurden folgende fünf Aufgabenbereiche ausgewählt:

- Beobachtung und Dokumentation;
- Sprachförderung;

3 In diesem Beitrag wird einheitlich der Begriff „Bildungsprogramm" für die Gruppe dieser Dokumente verwendet.

- Zusammenarbeit mit Familien;
- Zusammenarbeit mit Grundschulen sowie
- Qualitätssicherung und -entwicklung.

Trotz des begrenzten Blicks auf nur fünf Bereiche zeichnet sich bei den Anforderungen an die Arbeit von ErzieherInnen ein Bild großer Vielfalt und Komplexität ab. Allein der Umfang der Anforderungen ist beträchtlich. Insgesamt wurden in den fünf Dimensionen 138 verschiedene Anforderungen in 25 verschiedenen Kategorien gefunden. In den einzelnen Bundesländern werden zwischen 17 und 96 Anforderungen benannt, dabei werden in zehn der 16 Bundesländer mehr als 70 verschiedene Anforderungen formuliert.

Die Ergebnisse der Auswertung zeigen, dass ErzieherInnen in fast allen Bundesländern mit einer sehr großen Zahl von zum Teil sehr komplexen Anforderungen konfrontiert werden. Sie beziehen sich auf ganz unterschiedliche Bereiche der pädagogischen Arbeit und reichen von konkreten Handlungsanweisungen (z. B. regelmäßiges Vorlesen, Elterngespräche, Beobachten) über organisatorische Anforderungen (regelmäßige Befragungen von Eltern, Angebote für Familien organisieren, Teambesprechungen einplanen) bis hin zur eigenen Weiterqualifizierung und der Bereitschaft zur Reflexion der eigenen Arbeit.

Trotz der Unterschiedlichkeit der Bildungsprogramme und der großen Bandbreite an aufgeführten Aufgaben gibt es eine Reihe von konsensfähigen Qualitätszielen in den Bildungsprogrammen der Bundesländer (siehe Tabelle 1, S. 64f). Als konsensfähig werden dabei all jene Forderungen bezeichnet, die in mehr als 75 Prozent aller Bildungsprogramme zu finden sind. Entsprechende Übereinstimmungen zeigten sich in 33 Fällen und in allen fünf analysierten Dimensionen. Sie sollten als Ausgangspunkt für einen bundesweiten Konsensprozess genutzt werden, wobei weiterführend auch die in der Expertise nicht bearbeiteten Bereiche pädagogischer Arbeit einer entsprechenden Analyse unterzogen werden sollten.

BEOBACHTUNG UND DOKUMENTATION
Beobachtung als Grundlage für pädagogisches Handeln
Systematisches Beobachten jedes Kindes
Jedes Kind wird mindestens einmal im Jahr beobachtet
Beobachtung schriftlich festhalten
Fokus auf Themen, Interessen und Lernwege des einzelnen Kindes
Fokus auf Entwicklungsfortschritte des Kindes
Systematische Auswertung und Reflexion der eigenen Beobachtung
Auswertung im Team
Reflexion mit den Eltern
Austausch mit den Kindern
Individuelle pädagogische Ziele ableiten und umsetzen
Beobachtung und Dokumentation als Grundlage für Elterngespräche
Beobachtungen werden dokumentiert
Individuelle Bildungs- und Entwicklungsdokumentation für jedes Kind
SPRACHFÖRDERUNG
In den Alltag integrierte sprachanregende Angebote (z. B. Fingerspiele, Reime, ...)
Kindern zuhören und jedes Kind zum Erzählen anregen
Beschäftigung mit Schrift und Schreiben anregen
Vorlesen / Erzählen möglichst täglich anbieten

Geplante und vorbereitete Gespräche mit einzelnen Kindern / in kleinen Gruppen
Wertschätzung und Förderung von Zwei- und Mehrsprachigkeit
Verschiedene Sprachen anbieten
ZUSAMMENARBEIT MIT ELTERN
Regelmäßiger Informationsaustausch
Individuelle Elterngespräche mindestens einmal im Jahr
Bildungs- und Erziehungspartnerschaft mit Eltern ist anzustreben
Mitbestimmung und Beteiligung von Eltern ermöglichen
Einbindung von interessieren Eltern in die Konzepterstellung, Jahresplanung, Projektarbeit
GESTALTUNG DES ÜBERGANGS KITA – SCHULE
Schulfähigkeit der Kinder herstellen
Kinder langfristig vorbereiten und unterstützen
QUALITÄTSSICHERUNG UND -ENTWICKLUNG
Pädagogische Konzeption muss vorhanden sein und umgesetzt werden
Qualitätsmanagementsystem muss vorhanden sein
Interne Evaluation / Selbstevaluation verpflichtend
Regelmäßige Reflexion der Arbeit im Team
Regelmäßige Fortbildung für alle MitarbeiterInnen verpflichtend

Tabelle 1: Konsensfähige Qualitätsziele in den Bildungsprogrammen der Bundesländer

Personalschlüssel in den Bundesländern

Die in den Bildungsprogrammen dokumentierten Anforderungen an die pädagogische Arbeit sind bisher nicht systematisch in einen Zusammenhang mit den zur Verfügung stehenden personellen Ressourcen gebracht worden. Dabei wird bereits aus der Auflistung der 33 konsensfähigen Qualitätsziele deutlich, dass neben den hohen Anforderungen an die direkte pädagogische Arbeit mit den Kindern weitere Fachaufgaben eingefordert werden, für die Arbeitszeit außerhalb der direkten Kontaktzeit mit den Kindern anfällt – sogenannte mittelbare pädagogische Arbeitszeit.

Zwar sind in allen Bundesländern bis auf Baden-Württemberg in den Landesgesetzen Mindestanforderungen an die Personalausstattung in Kindertageseinrichtungen formuliert. Jedoch gibt es diverse Darstellungsformen, die einen systematischen Vergleich nicht möglich machen:

- Verhältnis der Arbeitsstunden des pädagogischen Personals zu den Buchungszeitstunden der angemeldeten Kinder (Bayern)
- Verhältnis der Vollzeitstellen zur Anzahl der Kinder (belegte Plätze) (Berlin, Brandenburg, Thüringen)
- Verhältnis der Anzahl der pädagogischen Fachkräfte zur Anzahl der Kinder (Bremen, Mecklenburg-Vorpommern, Saarland, Sachsen, Sachsen-Anhalt)
- Erziehungswochenstunden pro Kind (Hamburg)
- Anzahl der Fachkräfte pro Kindergruppe, Angaben zur Gruppenstärke (Hessen, Niedersachsen, Rheinland-Pfalz, Schleswig-Holstein)
- Anzahl der Fachkräftestunden pro Gruppe, Angaben zur Gruppenstärke und Gruppenzusammensetzung (NRW)

Innerhalb dieser Darstellungsformen werden die Angaben nach dem Alter der Kinder, der Gruppenzusammensetzung und der Betreuungszeit mehr oder weniger stark differenziert. So gibt es Bundesländer, die für altershomogene und altersgemischte Gruppen unterschiedliche

Betreuungsschlüssel definieren (z. B. Nordrhein-Westfalen, Rheinland-Pfalz). Andere unterscheiden allein zwischen Kindern im Alter unter drei Jahren und Kindern im Alter über drei Jahren (z. B. Sachsen, Mecklenburg-Vorpommern). Auch die Differenzierung aufgrund der Betreuungszeit reicht von der stundenweisen Aufschlüsselung der Wochenbetreuungszeit bis zur Unterscheidung zwischen Ganz- und Halbtagsplätzen, die wiederum zum Teil unterschiedlich definiert werden.

In einigen Bundesländern wird zwischen Erst- und Zweitkräften unterschieden. Obwohl Zweitkräfte meist geringer qualifiziert sind als Erstkräfte, werden sie bei der Berechnung der Betreuungsrelation gleichwertig behandelt. Gleiches gilt für PraktikantInnen im Anerkennungsjahr, die in einigen Bundesländern bei der Berechnung von Betreuungsrelationen in gleichem Maße wie Zweitkräfte eingerechnet werden. In einigen Gesetzen werden zusätzliche Personalanteile für Kinder mit erhöhtem Sprachförderbedarf, Kinder aus sozial schwachen Familien oder Kinder mit Behinderungen definiert.

Vergleicht man die rechtlichen Mindestanforderungen mit rechnerisch ermittelten standardisierten Personalschlüsseln in Form von Vollzeitäquivalenten (vgl. Bock-Famulla, 2008), gibt es in den meisten Bundesländern rein rechnerisch betrachtet eine günstigere Relation von beschäftigtem Fachpersonal und Anzahl an Betreuungsplätzen, als es die gesetzlichen Mindestregelungen vorschreiben. Bei der Berechnung von Vollzeitäquivalenten bleiben allerdings viele Fragen offen, z. B. wie der Einfluss unterschiedlich langer Öffnungszeiten und des hohen Anteils an Teilzeitkräften darin berücksichtigt werden können. Auch die zunehmende Arbeit mit altersgemischten Gruppen oder Konzepten der Offenen Arbeit finden in der Berechnung des standardisierten Personalschlüssels keinen Eingang, sollten aber für die Festlegung geeigneter Fachkraft-Kind-Relationen berücksichtigt werden.

Vom Personalschlüssel zur Fachkraft-Kind-Relation und zu mittelbaren pädagogischen Arbeitszeitanteilen

Der Abgleich der rechtlichen Regelungen mit wissenschaftlichen Mindeststandards (vgl. Tietze & Förster, 2005) ergab, dass diese nur in wenigen Bundesländern und jeweils nur für wenige Altersstufen als eingehalten gelten können – und dies auch nur dann, wenn man den ausgewiesenen *Personalschlüssel* als Berechnungsgrundlage heranzieht. Dieser spiegelt jedoch keinesfalls die alltägliche Betreuungsrelation wider, wie sie sich aus Sicht der Kinder darstellt. Unter der Bezeichnung „Personalschlüssel" wird nämlich ein Anstellungsschlüssel beschrieben, der die bezahlte Arbeitszeit der pädagogischen Fachkräfte im Verhältnis zu den gebuchten Betreuungszeiten der Kinder erfasst. Der Personalschlüssel lässt keine Aussagen darüber zu, in welchem Umfang eine pädagogische Fachkraft für die Kinder wirklich zur Verfügung steht. Um die tatsächliche Anwesenheit einer pädagogischen Fachkraft in der Einrichtung zu ermitteln, müssen Ausfallzeiten für Urlaub, Krankheit und Fortbildung abgezogen werden, in denen die Erzieherin / der Erzieher sich nicht an ihrem / seinem Arbeitsplatz in der Einrichtung befindet.

Zur Arbeitszeit einer pädagogischen Fachkraft gehören daneben eine Reihe von Tätigkeiten, die zur umfassenden Erfüllung des Bildungs-, Erziehungs- und Betreuungsauftrags von Kindertageseinrichtungen notwendig sind, ohne dass sie im direkten Kontakt mit den Kindern ausgeübt werden (können). Diese Aufgaben werden als *mittelbare pädagogische Arbeit* bezeichnet. Zu ihnen gehören u. a. Zeiten für Teamsitzungen und pädagogische Planung, für Beobachtung und Dokumentation, Tätigkeiten im Kontext der Zusammenarbeit mit Familien und Grundschulen, Zeiten für konzeptionelle Arbeiten und Arbeiten im Zusammenhang mit Qualitätssicherung und -entwicklung wie für die interne und externe Evaluation.

Die Fachkraft-Kind-Relation beschreibt diese Betreuungsrelation: Die Verfügbarkeit der pädagogischen Fachkraft für die Kinder nach Abzug von Fehlzeiten und Zeiten für die mittelbare pädagogische Arbeit. Sie gibt an, für wie viele Kinder jeweils eine pädagogische Fachkraft durchschnittlich als konkrete AnsprechpartnerIn zur Verfügung steht. Auch die Fachkraft-Kind-Relation ist, sofern keine direkten Beobachtungen die Grundlage sind, ein rechnerisch ermittelter Durchschnittswert, der Schwankungen z. B. aufgrund von Frühdienst- und Kernzeiten und aktuellen Ausfällen von Fachkräften und Kindern nicht erfassen kann.

Um aus einem angegebenen Personalschlüssel eine erwünschte oder realisierte Fachkraft-Kind-Relation abzuleiten, muss ein Umrechnungsfaktor zugrunde gelegt werden, der die Anteile für die mittelbare pädagogische Arbeit und Ausfallzeiten berücksichtigt. Jedoch werden in keinem Bundesland hierzu konkrete Angaben gemacht. Bisher gibt es nur wenige empirische Daten, aus denen Empfehlungen für die Höhe dieser Stellenanteile abgeleitet werden können. Erhebungen eines Berliner Trägerzusammenschlusses ergeben 23 Prozent der Arbeitszeit einer pädagogischen Fachkraft, die für mittelbare pädagogische Arbeit eingerechnet werden muss (AG 3.13 QVTAG 2008). Berechnungen des Paritätischen Wohlfahrtsverbandes ergeben einen Anteil der mittelbaren pädagogischen Arbeit an der Gesamtjahresarbeitszeit von 20 Prozent, die *zusätzlich* zu den Zeiten für Urlaub, Krankheit und Fortbildung von der Zeit abgezogen werden müssen (Paritätischer Anforderungskatalog, 2008).

Die vom Sächsischen Staatsministerium in Auftrag gegebene Studie zur Evaluierung der Personalausstattung in Kindertageseinrichtungen (Tietze u. a., 2008, S. 164) kommt zu der Empfehlung, mindestens 10 Prozent „kinderdienstfreie" Zeiten für ErzieherInnen bereitzustellen, die insbesondere „Zeiten für Vor- und Nachbereitung der pädagogischen Arbeit, die Beobachtung und Dokumentation von Entwicklungsprozessen sowie Teamsitzungen mit pädagogischen Inhalten" betreffen. Die Bertelsmann Stiftung gibt insgesamt 25 Prozent für die mittelbare pädagogische Arbeit zusammen mit den Abzügen für Urlaub, Krankheit und Fortbildung an, betont aber, dass dies einen unteren Grenzwert darstellt (vgl. Bock-Famulla, 2008).

Ergebnisse und Empfehlungen

1. Fachkraft-Kind-Relation konsequent ausweisen und anpassen

Die rechtlichen Regelungen der einzelnen Bundesländer zum Personalschlüssel in Kindertageseinrichtungen sind zum Teil intransparent und aufgrund unterschiedlicher Begrifflichkeiten und Definitionen aktuell nicht miteinander vergleichbar. In vielen Ländern werden Schlüssel festgeschrieben, die nicht berücksichtigen oder völlig offen lassen, welcher Anteil an mittelbarer pädagogischer Arbeit damit geleistet werden muss. Ebenso wird nicht berücksichtigt, dass Ausfallzeiten durch Krankheitstage und Urlaubs- bzw. Fortbildungsansprüche entstehen. Es ist davon auszugehen, dass die konkrete Fachkraft-Kind-Relation in der Regel von dem gesetzlichen Personalschlüssel negativ abweicht. Die Bestimmungen zur Fachkraft-Kind-Relation (bzw. zum Personalschlüssel) in den Kita-Gesetzen beruhen nur ansatzweise auf wissenschaftlichen Erkenntnissen und internationalen Expertenempfehlungen.

- In den landesrechtlichen Regelungen und in Tarifverhandlungen sollte klar zwischen Personalschlüssel und Fachkraft-Kind-Relation differenziert werden und eine transparente und einheitliche Berechnungsgrundlage Anwendung finden. In jedem Fall sollte die angestrebte Fachkraft-Kind-Relation konsequent ausgewiesen werden.
- Damit Kindertageseinrichtungen den Bildungsauftrag angemessen umsetzen können, sollten rechtliche Regelungen zur Fachkraft-Kind-Relation die Expertenempfehlungen und Ergebnisse wissenschaftlicher Studien ebenso wie die in den Bildungsprogrammen formulierten Anforderungen angemessen berücksichtigen.

2. Mittelbare pädagogische Arbeit berücksichtigen

Die Bildungsprogramme der Bundesländer nehmen für sich in Anspruch, eine fachliche Orientierung und verbindliche Grundlage der pädagogischen Arbeit in Kindertageseinrichtungen zu bieten. Die in ihnen formulierten Anforderungen und Aufgaben liegen sowohl im

Bereich der direkten als auch der mittelbaren pädagogischen Arbeit. Bisher sind in den Ländern nur vereinzelt Bemühungen erkennbar, die Anforderungen mit den zur Verfügung stehenden strukturellen Ressourcen in Relation zu setzen.

- Wir empfehlen eine entsprechende Überprüfung der Angemessenheit der strukturellen Rahmenbedingungen im Verhältnis zu den Anforderungen in den Bildungsprogrammen in allen Bundesländern vorzunehmen.
- Auf der Grundlage der Ergebnisse der empfohlenen Überprüfungen und eines bundesweiten Konsensprozesses sollten angemessene Zeitkontingente für die mittelbare pädagogische Arbeit vereinbart werden und Eingang in die Kindertagesstätten-Gesetze finden.

3. Qualifizierung der Fachkräfte vorantreiben

Internationale Untersuchungen (Blau, 1999; CQC Team, 1995) zeigen klar auf, dass nicht eine einzelne Strukturvariable die Qualität in Kindertageseinrichtungen bestimmt. Die Ausbildung und Qualifizierung der pädagogischen Fachkräfte ist ein weiteres wichtiges politisch regulierbares Strukturmerkmal. Eine systematische Verzahnung der Inhalte der Bildungsprogramme der einzelnen Länder mit den Curricula der unterschiedlichen Aus- und Weiterbildungsgänge steht bislang aus.

- Die Inhalte der Bildungsprogramme sollten in die Curricula aller Ausbildungsgänge (an Fachschulen, Fachakademien und Hochschulen) aufgenommen werden.
- Um den umfassenden Anforderungen an die pädagogische Arbeit in Kindertageseinrichtungen gerecht werden zu können, sollten Ausbildungen von pädagogischen Fachkräften wissenschafts- und forschungsbasiert sein.
- Die Anstrengungen für eine generelle Anhebung des Qualifikations-Niveaus von pädagogischen Fachkräften sollten weitergeführt werden. In diesem Zusammenhang sollte auch eine damit einhergehende verbesserte Bezahlung angestrebt werden.

4. Forschung intensivieren

Internationale Forschungen belegen deutliche Effekte einer günstigen Fachkraft-Kind-Relation – im Zusammenspiel mit anderen zentralen Strukturvariablen – auf die Qualität der pädagogischen Prozesse (CQC Team, 1995) als auch auf das Verhalten und schließlich auf die Entwicklung der Kinder im sozial-emotionalen und kognitiv-sprachlichen Bereich (NICHD ECCRN, 2002). In Deutschland existieren hierzu dagegen keine aktuellen und breit angelegten empirischen Untersuchungen.

In den Bildungsprogrammen sind neben der direkten Bildungs- und Erziehungsarbeit mit den Kindern vielfältige Aufgaben im Bereich der mittelbaren pädagogischen Arbeit aufgeführt. Einige davon wurden in der Expertise analysiert. Es gibt jedoch bisher noch kaum empirische Erkenntnisse darüber, wie diese Fachaufgaben in deutschen Kindertageseinrichtungen bewertet und konkret umgesetzt werden. Ebenso fehlen Daten zum Zusammenhang zwischen der Wahrnehmung dieser Fachaufgaben, strukturellen Merkmalen der Kindertageseinrichtungen und anderen Aspekten pädagogischer Qualität.

- Um den Anschluss an die internationale Forschung herzustellen, ist es dringend notwendig, Forschung zum Zusammenwirken von Orientierungs-, Struktur-, Prozess- und Ergebnisqualität in Kindertageseinrichtungen in Deutschland unter Berücksichtigung moderierender Variablen zu fördern.
- Die in den Bildungsprogrammen ausgeführten Fachaufgaben sollten für die in der Expertise berücksichtigten Themen als auch für weitere Themen- und Aufgabenfelder, die in den Bildungsprogrammen angesprochen sind, systematisch empirisch erfasst werden.
- Forschung zum Zusammenhang zwischen der Wahrnehmung der Fachaufgaben, den strukturellen Merkmalen der Kindertageseinrichtungen und anderen Aspekten pädagogischer Qualität sollte unterstützt werden.

5. Bundesweiten Dialog zu konsensfähigen Qualitätszielen führen

Die vorliegende Expertise konnte aufzeigen, dass es in den fünf ausgewählten Analysedimensionen Anforderungen gibt, die in mindestens drei Viertel aller Bildungsprogramme formuliert werden und die deshalb als grundsätzlich konsensfähige Qualitätsziele eingestuft werden können. Damit ist der Anfang gemacht für einen breiten fachlichen und politischen Diskurs unter Beteiligung aller relevanten Akteure.

- Die konsensfähigen Qualitätsziele, die aus der Expertise hervorgegangen sind, sollten die Grundlage für die Initiierung eines bundesweiten Konsensprozesses bilden mit dem Ziel, abschließend auf Jugendminister- (JMK) und Kultusminister (KMK)-Ebene länderübergreifende zentrale Qualitätsziele für die Bildungsarbeit in Kindertageseinrichtungen zu formulieren.
- Die Qualitätsziele sollten dabei sowohl durch die Analyse weiterer Dimensionen als auch aus fachlicher Perspektive ergänzt werden.
- Die Umsetzung der konsensfähigen Qualitätsziele sollte durch die Anpassung der strukturellen Rahmenbedingungen in Kindertageseinrichtungen und eine abgestimmte Aus- und Weiterbildung der pädagogischen Fachkräfte ermöglicht und unterstützt werden.

„Wir sind auf dem Weg …“

Die Umsetzung des Bayerischen Bildungs- und Erziehungsplans für Kinder in Tageseinrichtungen bis zur Einschulung in Kitas in Amberg und München

Von Eva Reichert-Garschhammer, Brigitte Netta & Edeltraud Prokop

DIE STÄDTISCHE KINDERKRIPPE Felicitas-Füss-Straße in München sowie der Katholische Kindergarten St. Michael in Amberg haben den Bayerischen Bildungsplan (BayBEP) schon als Modelleinrichtungen im Kita-Jahr 2003/04 wissenschaftlich begleitet erprobt und sind seit Mai 2009 als vom Staatsinstitut für Frühpädagogik ausgewählte Konsultationseinrichtungen beratend tätig. Sie zeichnen sich aus durch innovationsfreudige Teams und langjährige Leitungen. Dass sich beide als Modell- und Konsultationseinrichtung von sich aus beworben hatten, war darin begründet, dass sie in ihrer Organisations- und Qualitätsentwicklung weiter fortgeschritten waren als andere Kitas. Sie wollten wissen, ob der eingeschlagene Weg eine gute Entscheidung war, angesichts der vielen Veränderungsprozesse, die sie in ihren Kitas bereits vor Aufkommen des BayBEP realisiert hatten:

- Wechsel von der Stammgruppenarbeit zur Offenen Arbeit
- Umwandlung der multifunktionalen Gruppenräume zu Funktionsräumen (Kita Amberg) bzw. Lern- und Forschungsräumen (Kita München)
- Integration guter Elemente weiterer pädagogischer Ansätze in die Bildungspraxis (Kita Amberg: Reggio-, Montessori-, Freinet-Pädagogik; Kita München: Freilandpädagogik)
- Entwicklung einer Partizipationskultur auf allen Ebenen
- Altersöffnung und Ausbau der Bildungsarbeit in altersgemischten Kleingruppen
- Sukzessive Öffnung nach außen und Aufbau eines Netzwerks mit vie-

len verschiedenen Partnern (in der Kita München Öffnung zu Stadtteil- und Kultureinrichtungen, Einbezug vieler ExpertInnen; Weiterentwicklung der Kita Amberg zum Kinder- und Familienzentrum)

Beide Kita-Teams erfuhren durch den BayBEP ein hohes Maß an Bestätigung ihrer bisherigen pädagogischen Orientierung und Praxis; zugleich konnten sie ihren Weg qualitativ weiterentwickeln und einzelne Aspekte vertiefen und fachlich mehr fundieren.

Pädagogische Grundhaltung – Bestätigung bzw. Veränderung durch den Bildungsplan?

Grundhaltungen, die im BayBEP zum Tragen kommen, sind:

- Dialog- und kompetenzorientierte Grundhaltung im Umgang mit anderen einnehmen, die sich durch gegenseitige Wertschätzung und Unterstützung auszeichnet;
- Bildungsgeschehen als gelebte Alltagsdemokratie verstehen, die Partizipation als durchgängiges Prinzip auf allen Ebenen ermöglicht;
- Positive Haltung zum Lernen einbringen, d. h. Lust am Entdecken, Gestalten, Entwickeln eigener Ideen und Lösungen und am Austausch und Aushandeln mit anderen sowie Mut entwickeln, etwas Neues auszuprobieren und dabei auch Fehler zu machen;
- Kinder, Eltern und Team einladen, inspirieren und ermutigen zu kreativem Denken und Arbeiten, um dabei neue Erfahrungen zu machen (vgl. Hüther 2009);
- Atmosphäre schaffen, die es zulässt, dass jeder seine Ideen ausprobieren und Fragen stellen kann ohne Angst, beurteilt oder beschämt zu werden;
- Individuell unterschiedliche Stärken, Kompetenzen und Interessen gezielt nutzen für eine bereichernde Zusammenarbeit und als Chance voneinander zu lernen und zu profitieren;
- Fehler, kritische Rückmeldungen und Konflikte als Chance aufgreifen, weiterzukommen;
- Das Team als lernende Gemeinschaft und die Einrichtung als lernende Organisation verstehen und sich entsprechend weiterentwickeln;

- Sich gemeinsam täglich in einer von Neugier geprägten Lernkultur bewegen, d. h. sich einbringen, miteinander wachsen und gemeinsamen über sich hinauswachsen (vgl. Hüther 2009).

Die Einrichtungsteams von Amberg und München fanden eine hohe Übereinstimmung des BayBEP mit den pädagogischen Grundhaltungen, die in ihren Kitas bereits gelebt wurden. Auf Leitungsebene wurde der BayBEP zum Anlass genommen, in dessen Erschließung das gesamte Team einzubeziehen und dessen Umsetzung als gemeinsame Aufgabe anzugehen. Besonderes Augenmerk wurde darauf gelegt, die Reflexion der pädagogischen Grundhaltungen zu intensivieren und die dabei auftretenden Spannungen und Konflikte im Team offen zu thematisieren und gemeinsam nach Lösungen zu suchen. In beiden Kita-Teams gelang es, die Weiterentwicklung der Bildungspraxis als kontinuierliche Aufgabe zu verstehen und die gemeinsame Haltung zu entwickeln: „Wir sind auf dem Weg, den Bildungsplan gut umsetzen, aber wir setzen ihn noch nicht um." Mit diesem Selbstverständnis als lernende Gemeinschaft entfalten die Teams zugleich Vorbildwirkung für die Kinder und die Gestaltung der Bildungsprozesse mit den Kindern.

Pädagogische Handlungskompetenz – Stärkung durch den Bildungsplan?

Der BayBEP hat die Teams beider Einrichtungen darin bestärkt, sich von der angeleiteten Beschäftigungspädagogik (Animation) wegzubewegen und die Kinder viel stärker in die Planung, Gestaltung und Durchführung der Bildungsprozesse einzubeziehen.

- Diese Teamentscheidung setzte eine *Rollenveränderung der PädagogInnen* in Gang. Als Bildungsmoderatoren, Dialogpartner und Impulsgeber ermöglichen sie den Kindern mehr Partizipation und verstehen sich im Sinne eines ko-konstruktiven Bildungsverständnisses als Mitgestaltende und Mitlernende. „Moderieren statt belehren" wurde zum pädagogischen Leitziel erhoben. Gewonnen wurden dadurch Zeitressourcen für die Beobachtung der Kinder.

- Um die *individuellen Lern- und Entwicklungsprozesse* der Kinder besser verstehen und die sie interessierenden Lernthemen komplexer gestalten zu können, wurde die Beobachtung der Kinder in beiden Kitas intensiviert. Den pädagogischen Blick geweitet hat der BayBEP für den Umgang mit individuellen Unterschieden und die damit notwendige individuelle Bildungs- und Lernbegleitung der Kinder.

Der BayBEP hat in beiden Kitas dazu geführt, die *Kooperation mit Eltern im Sinne einer Bildungspartnerschaft* weiterzuentwickeln und Partnerschaft als gemeinsame Entwicklungsaufgabe zu verstehen. Mit Eltern im ständigen Austausch zu sein, mit ihnen häufiger als bisher Entwicklungsgespräche über das Kind zu führen sowie Mütter und Väter viel mehr und bewusster ins Bildungsgeschehen der Kita aktiv einzubeziehen – in diese Richtung haben sich beide Einrichtungen verändert. Bildungspartnerschaft mit Eltern bedeutet dabei mehr als Elternbildung. Wesentlich ist die Wahrnehmung der Familie als wichtigster Bildungsort für das Kind, und auf dieser Basis viel in die Kooperation und Vernetzung der Bildungsorte Familie und Kita zu investieren. Dies gelingt umso besser, je transparenter die Bildungspraxis der Kita ist und je mehr Mitmachmöglichkeiten die Kita Eltern eröffnet.

Die *Übergänge im Bildungsverlauf* mit Kindern und Eltern gemeinsam zu gestalten, diese Handlungskompetenz wurde durch den BayBEP maßgeblich gestärkt. Die Übergangsgestaltung geschieht in beiden Kitas mit höherer Aufmerksamkeit und Professionalität als früher. Die Übergangsbegleitung in die Schule hat in der Amberger Kita dazu geführt, die Kooperation mit der Schule zu intensivieren und gemeinsam das Amberger Kooperationsmodell zu entwickeln, das nach der Erprobungsphase Eingang gefunden hat in den BayBEP.

Umsetzung des Bildungsplans in den Kitas – Chronologie und Zeitrahmen

Im Kapitel „Innovationsfähigkeit und Bildungsqualität" empfiehlt der BayBEP folgendes Vorgehen:

- Den Bildungsplan erschließen;
- Bisherige Bildungspraxis analysieren, d. h. Soll-Ist-Vergleich anhand des BayBEP (Wo stehen wir? Wo sind wir bereits gut? Wo ist Weiterentwicklung und Veränderung erforderlich?);
- Veränderungsbereitschaft thematisieren, d. h. Ängste, Vorbehalte und Widerstände;
- Stufenplan zur Umsetzung entwickeln, d. h. kleine Schritte planen, Prioritäten setzen (Wo steigen wir ein? Wie machen wir weiter?), Zielvereinbarungen treffen und Aufgaben verteilen;
- Alle Umsetzungsprozesse dokumentieren, im Team reflektieren und verbessern als fortlaufende Aufgabe (Entwicklung der Kita zur „lernenden Organisation");
- Konzeption überprüfen, weiterentwickeln und geplante Veränderungen offenlegen.

Für die *Planerschließung* im Team haben sich in beiden Kitas Klausurtage bewährt. Die Auseinandersetzung mit den grundlegenden Inhalten wie Grundprinzipien und Basiskompetenzen geschah gemeinsam im Team. Die Erschließung der Bildungsbereiche und der weiteren Inhalte wurden unter den Teammitgliedern aufgeteilt und so die unterschiedlichen Stärken, Kompetenzen und Interessen im Team gezielt genutzt; für den übernommenen Inhaltsbereich wurde jedem Teammitglied eine Multiplikatorenfunktion für das Team zuteil. Mit der Zeit wurde der umfangreiche BayBEP als komplexes Nachschlagewerk zunehmend wertgeschätzt, da er zu vielen Themen viele gute Tipps enthält und das Wälzen mehrerer Fachbücher zumeist erspart.

Im Rahmen ihrer *Selbstreflexionsprozesse* kamen beide Kitas zu dem Schluss, dass ihre offene Arbeitsweise einen guten Rahmen für die BayBEP-Umsetzung im Sinne von dessen Grundprinzipien bietet. Sie konnten aufbauen auf ihre Vorerfahrungen mit dem Veränderungsprozess „innere

Öffnung", der in beiden Kitas einige Jahre in Anspruch nahm, konzeptionell jedoch unterschiedlich realisiert wurde.

1. Öffnungsprozess der Münchner Kita

In der Einrichtung, die 60 Kinder im Alter von neun Wochen bis zur Einschulung aufnehmen kann, gibt es keine Stammgruppen mehr, sondern das offene Kinderhaus als Lebensort für alle Kinder. Jede Erzieherin bzw. Kinderpflegerin hat vier bis sieben Bezugskinder. Die anspruchsvoll gestalteten offenen Lern- und Forschungsräume unterstützen und stärken das Kind in seiner Autonomie, Selbsttätigkeit, Selbstwirksamkeit und Selbstregulation und ermöglichen ihm vielfältige Lernerfahrungen. Klare Strukturen in Form von Raumverantwortungen, Ritualen im Tages- und Wochenablauf und einer von Eltern begleiteten Eingewöhnung bis zu sechs Wochen geben den Kindern Orientierung. Ein gelungener Übergang ist das Fundament für Wohlbefinden, Sicherheit und Explorationsfreude des Kindes, um vertrauensvoll seine Umwelt zu erforschen.

Der Öffnungsprozess, der mit einer Altersausweitung nach oben einherging, nahm fünf Jahre in Anspruch. Neuere Studien und Forschungsbefunde zur frühen Kindheit und die zunehmende Anwesenheit vieler Kinder von bis zu zehn Stunden veranlassten das Team, über eine Erweiterung der Konzeption nachzudenken. Bemerkt wurde, dass durch eine rein stammgruppenbezogene Arbeitsweise stets die PädagogInnen bestimmen, wann z. B. alle rausgehen oder ein Kind in den Flur darf. Das Team stellte sich daraufhin folgende Fragen:

- Wie können wir einen Lebensort für Kinder gestalten, in dem ihnen ganzheitliche Lern- und Entwicklungsprozesse ermöglicht werden?
- Wie können sich die verschiedenen Stärken, Kompetenzen und Interessen der PädagogInnen ergänzen?
- Wie können Partizipation und Ko-Konstruktion für alle Beteiligten an diesem Lebensort ermöglicht werden?

Die Auseinandersetzung mit forschungsbasierten Lerntheorien ergab, dass Kinder ein anregendes Lernumfeld benötigen, welches ihnen ein Selbsttätigsein und vielfältiges Erfahrungslernen ermöglicht. Ein „nur" Einraumkonzept greift zu kurz. Kinder können nur dann mitentscheiden, wenn sie die Möglichkeit haben, jederzeit in den Garten zu gehen und andere Räume aufzusuchen, weil sie Lust auf eine andere Pädagogin haben. Aufgrund dieser Überlegungen wurde die Konzeption durch sukzessive Öffnung nach innen und außen erweitert:

- Die Bezugspersonen sehen sich heute als wache, feinfühlige Begleiter, die die Tätigkeiten des Kindes beobachten, als Dialogpartner und Impulsgeber bereitstehen, die Lernprozesse der Kinder dokumentieren und im Austausch mit dem Kind seine Erfahrungen bewusstmachen und in Worte fassen. Die wöchentlichen Impulsrituale ermöglichen den Kindern, sich die unterschiedlichen Stärken und Kompetenzen der PädagogInnen abzuholen (Musik, Bewegung, Medien, Sprachbegleitung, Naturräume, Werkstatt, Atelier ...).
- Den Schlüssel für das Gelingen der inneren und äußeren Öffnung sieht das Team in der regelmäßigen und intensiven Reflexion und Kommunikation aller Beteiligten, d. h. im Vordergrund stehen Austausch, Absprache, Information, Dialog und Supervision.

2. Öffnungsprozess der Amberger Kita

In dieser Einrichtung mit 112 Ganztagsplätzen für Kinder von eineinhalb bis zehn Jahren und einem hohen Anteil von Familien mit sozialen Herausforderungen (Zuwanderungsgeschichte, Armut, Arbeitslosigkeit) wird überwiegend in offenen Kleingruppen gearbeitet. Es gibt auch Stammgruppen mit einer Bezugserzieherin, die für ihre Kinder hauptverantwortlich zuständig ist, sie in ihren individuellen Lern- und Entwicklungsprozessen begleitet und feste Ansprechpartnerin für die Eltern ist. Durch das offene Konzept hat jedes Kind die Möglichkeit, zu weiteren PädagogInnen positive Beziehungen aufzubauen und zu entscheiden, mit wem es wo wann und wie lange spielt. Unterstützt wird dies durch:

- eine klare Raum- und Zeitstruktur und mit den Kindern aufgestellten Regeln,
- ein differenziertes Raumangebot in Form von Funktionsräumen,

- vielfältige Spielmaterialien aus der realen Erlebniswelt,
- offene Gruppen, die Entscheidungsfreiheit ohne Beliebigkeit bieten und erlauben,
- ein großflächiges und reichhaltiges Lern- und Spielangebot in wechselnden Kleingruppen.

Kinder brauchen täglich interessante Angebote und Anregungen zur Auswahl, um ihre Kompetenzen erweitern zu können. Ein Hauptteil der Bildungsbegleitung ist daher die Vorbereitung von Erfahrungsfeldern und strukturierten Bildungsaktivitäten, durch die die Kinder neugierig werden und eigene Ideen entwickeln können. Grundlage dafür sind die intensive Beobachtung des Freispiels und die Reflexion im Team.

Der Prozess der inneren Öffnung dauerte über zehn Jahre. Auslöser war, dass das Team die damalige Konzeption zunehmend hinterfragte. Trotz gemeinsamer Rahmenplanung gab es große Unterschiede in der Arbeit der vier Stammgruppen, Konkurrenzdenken und Spannungen traten auf. Zugleich nahm das Team neue Herausforderungen wahr und spürte, dass es mit der bisherigen Arbeitsweise darauf nicht ausreichend reagieren konnte. So stellte sich Unzufriedenheit ein, aber auch die Erkenntnis, dass dieser nur durch Veränderung zu begegnen ist. So stieg das Team schrittweise in die offene Arbeit ein, zunächst über den Ausbau gruppenübergreifender Angebote. Es sah „offene Arbeit“ als eine Antwort auf die veränderten Lebensbedingungen von Kindern und Familien und das zunehmende Verschwinden von Freiräumen, in denen Kinder unabhängig von Erwachsenen mit anderen Kindern zusammen sein können; dadurch wird ihre eigenständige Entwicklung unangemessen eingeschränkt.

Eine größere Umbaumaßnahme wurde genutzt, das Raumangebot auszuweiten, sich für Schulkinder zu öffnen, Mittagessen einzuführen und das gruppenübergreifende Angebot weiterzuentwickeln. Ausschlaggebend war die gemeinsame Erfahrung, dass von der Gruppenöffnung positive Impulse und neue Freiräume für die pädagogische Arbeit ausgingen. So wurden schrittweise die Gruppenräume zu Funktionsräumen umgewandelt sowie

Tagesablauf und Personaleinsatz neu strukturiert. Das Haus war nun gut organisiert für die nächsten Veränderungsprozesse, d. h. für die Öffnung für Kinder bis drei Jahre und für den Ausbau des Angebots für Familien.

Der BayBEP ermutigte beide Kitas, ihren Weg fortzusetzen und im Weiteren Veränderungsprozess folgende Akzente zu setzen:

- Öffnung nach Innen und Außen weiterbetreiben.
- Funktionsräume weiterentwickeln (in der Amberger Kita).
- Beobachtung und Dokumentation intensivieren (z. B. Bildungs- und Lerngeschichten, Portfolioarbeit einführen).
- Lernmethodische Kompetenz der Kinder bewusster und gezielter stärken als früher, wo einiges schon intuitiv richtig gemacht wurde (z. B. Kindern aktiv zuhören, Fragen der Kinder aufschreiben; schnelle Antworten vermeiden; Kinder durch offene Fragen zum Nachdenken anregen).
- Kooperation mit Eltern und Schule intensivieren und als Bildungspartnerschaft weiterentwickeln.

Pädagogischer Alltag – Veränderung durch den Bildungsplan?

Angesichts der umwälzenden Alltagsveränderungen im Zuge der inneren Öffnung bereits vor Planeinführung bewirkte der BayBEP in beiden Kitas keine grundlegenden Veränderungen mehr. Er gab jedoch Anstöße, die pädagogische Alltagsgestaltung qualitativ weiterzuentwickeln und mehr Tiefgang bei bestimmten Themen zu erreichen.

Im Sinne des ko-konstruktiven Bildungsverständnisses wurde der *Dialog mit Kindern* in beiden Kitas intensiviert. Um Gespräche mit Kindern qualitativ weiterentwickeln und Lernprozesse der Kinder gezielter begleiten zu können, wurden in der Münchner Kita vermehrt Filmaufnahmen gemacht und diese im Rahmen kollegialer Beratung gemeinsam reflektiert. Fachkraft-Kind-Interaktionen (z.B. geteiltes Engagement, stimulierende Impulse geben, ermutigen) und Gesprächsführung mit Kindern (z. B. Sprach-

vorbild sein, aktives Zuhören, offene Fragen stellen) lassen sich dadurch bewusster wahrnehmen, überprüfen und wo nötig qualitativ verbessern. Durch das gemeinsame Ansehen der Aufnahmen mit den Kindern und den Austausch darüber können die PädagogInnen – wie beim Verfahren der Lerngeschichten – die Lernprozesse auch mit den Kindern reflektieren.
In der Amberger Kita wurde auch der Bildungsbereich *„Gesundheit"* auf der Grundlage des BayBEP stärker akzentuiert, bei dem Lernen überwiegend in Alltagssituationen geschieht:

- Nach Feststellung eines weiteren Entwicklungsbedarfs wurde der Austausch mit Netzwerkpartnern gesucht (Gesundheitsamt, Sozialreferat, Kinderärzte; Grundschule, Beratungsstellen, Fachdienste); zentrale Themen waren Armut, Gesundheitsvorsorge, Präventionsangebote, Ernährungsfragen und Stärkung der Familien. Darauf folgten Gespräche mit den Kindern und Eltern zum Thema „Gesundheit" und die Verständigung im Team, Gesundheit umfassend als körperliches und seelisches Wohlbefinden zu sehen.
- Die im Team zuständige Fachfrau für „Gesundheit" entwickelte, teils mit interessierten Kindern, einige Bereiche der Lernumgebung weiter (z. B. Traumzimmer, Bistro; einschlägigen Bücherbestand der Kinderbibliothek sichten und ausbauen, Aufforderungscharakter der Bewegungsmaterialien reflektieren) und verankerte das Thema bewusster und gezielter im pädagogischen Alltag (z. B. gesundes Frühstück mit Kindern an einem Wochentag zubereiten; Tischkultur bei Mahlzeiten; Kochkurs mit Kindern; psychomotorische Einheiten und Spaziergänge im Tagesablauf integrieren; mehr Entspannungsangebote).
- Das Informations- und Bildungsangebot für Familien wurde optimiert, denn Gesundheitsprävention kann nachhaltig nur gemeinsam mit den Familien und durch Einbeziehung der Eltern auf gleicher Augenhöhe gelingen (z. B. Info-Materialien in den verschiedenen Familiensprachen, Buchausstellungen zu Gesundheitsthemen; Elterngesprächskreise, Eltern-Aktiv-Gruppe, Beratungsangebote). Die unzureichende Inanspruchnahme von U-Untersuchungen und Impfungen führte zur Teilnahme am BzGA-Projekt „Ich geh' zur U! Und du?!".

- Kinder und Familien positiv zu begleiten setzt „fitte" PädagogInnen auch als Vorbild voraus; das Team nutzt seitdem selbst vielfältige Informations- und Fortbildungsangebote.

Reaktionen der Kinder und Eltern auf diese Veränderungen

Durch den BayBEP ist die Wertschätzung der Eltern für die Bildungsarbeit in der Kita gestiegen. In der Münchner Kita gab es sogar einige Eltern, die den BayBEP lasen und den Austausch mit den PädagogInnen suchten. Insgesamt war eine große Offenheit und positive Aufnahme des BayBEP seitens der Eltern zu spüren.

Die Transparenz der Bildungspraxis der Kita („sprechende Wände") und der Lern- und Entwicklungsprozesse der Kinder ist beiden Einrichtungen ein großes Anliegen.

- So hat in der Münchner Kita die Einführung der Bildungs- und Lerngeschichten die Kooperation mit Eltern angeregt und bereichert. PC-Ordner im Flur der Amberger Kita machen für Eltern die aktuelle Projektarbeit mit den Kindern sichtbar.
- Mit Fotos Alltagsmomente herauszustellen ist wichtiger als besondere Events. Je mehr in den Kitas dokumentiert wurde, umso häufiger wollen die Kinder, dass bestimmte Dinge aufgehängt oder ausgestellt werden, und beginnen, selbst vermehrt zu fotografieren.

Erfahrungen mit der Implementierung durch Land, Kommune, Träger

Große Träger wie die Landeshauptstadt München haben die Implementierung des BayBEP in ihren Kitas durch vielfältige Fortbildungs- und Beratungsangebote unterstützt. Ihren Einrichtungen vergleichsweise eher wenig Unterstützung gegeben haben kleine Träger, wie sie in Bayern z. B. noch im katholischen Bereich vorherrschend sind; ihr Interesse liegt vor allem darin, dass die Arbeit in der Kita gut läuft. Soweit sich Jugendämter bei der Planimplementierung auf Kita-Ebene engagierten (so z. B. das Jugendamt Amberg) oder die Kita-Fachberatung der Regierungen bei diesem Begleitprozess koordinierende Funktion übernahm (so z. B. die Regierung von Oberpfalz), wurde dies aus Sicht der Amberger Kita als hilfreich erlebt. Für Bayern ist jedoch festzustellen, dass die breite Masse der Kitas vor Ort eher wenig Unterstützung seitens ihres Trägers und ihrer Kommune erfahren hat.

Als sehr hilfreich hat sich die Bildung von Kita-Netzwerken erwiesen, die regelmäßigen Austausch und gegenseitige Hospitation befördern:

- Während der Planerprobungsphase hat die Stadt München ihre Modelleinrichtungen mit anderen städtischen Kitas gezielt vernetzt. Die Kath. Erziehergemeinschaft Bayern (KEG) als Berufsverband hat gemeinsam mit dem Landesverband Ev. ErzieherInnen und SozialpädagogInnen (e+s) den Mitgliedern, die als Modelleinrichtung den BayBEP erprobten, mehrere Treffen durchgeführt.
- Seit Mai 2009 gibt es in Bayern das Netzwerk Konsultationseinrichtungen, koordiniert durch das Staatsinstitut für Frühpädagogik (IFP). Zwei Mal jährlich gibt es Netzwerktreffen (Workshops); zudem haben sich themenbezogene Arbeitsgruppen (z. B. AG Projektarbeit) und selbstorganisierte Regionalgruppen gebildet.

Aus Sicht der Amberger und Münchner Kita wäre eine systematische Koordinierung der lokalen Netzwerkbildung auf Landesebene ein wichtiger, noch zu ergreifender Implementierungsschritt angesichts der Erfahrung, dass Netzwerke die BayBEP-Umsetzung in Kitas positiv beeinflussen und vorantreiben. Vor Ort wäre eine stärkere Beteiligung der Träger und Kommunen wünschenswert.

Zur wichtigsten Begleitmaßnahme der Planimplementierung wurde auf Landesebene die Qualifizierung der Praxis zum BayBEP und zu dessen Umsetzung erklärt. Seit Mitte 2004 werden landesweite Fortbildungsmaßnahmen für verschiedene Zielgruppen zu verschiedenen Themen jeweils zeitlich befristet durchgeführt. Derzeit wird der Schwerpunkt auf Teamfortbildung (Fortbildungskampagne Dialog Bildung) und Teamcoaching (Projekt „Sprachberatung in Kitas“) gelegt – damit wurde ein drängender Wunsch der Leitungen der Modelleinrichtungen aufgegriffen und realisiert. Die beiden Inhouse-Angebote laufen noch bis Ende 2011 und werden vom IFP evaluiert; die Evaluationsergebnisse werden veröffentlicht.

Planumsetzung unter den gegebenen Rahmenbedingungen – Erfahrungen

Durch die zeitgleiche Einführung des BayBEP und des Bayerischen Kinderbildungs- und -betreuungsgesetzes (BayKiBiG), mit dem das Fördersystem umgestellt wurde, stehen die bayerischen Kitas seit Herbst 2005 vor der größten Reform in der Geschichte ihres Bestehens. Dass die gegebenen Rahmenbedingungen mit den hohen Anforderungen, die der BayBEP an Kitas stellt, nicht mehr übereinstimmen – dieser Erprobungsbefund der Modelleinrichtungen bezog sich auf die Verbesserung folgender Bedingungen:

- Besserer Anstellungsschlüssel;
- Angemessene Freistellung der Leitung, der eine Schlüsselrolle bei der Planumsetzung in der Kita zukommt und deren Rolle sich verändert (wachsende Managementaufgaben);
- Anheben der Verfügungszeiten des Kita-Personals auf 25–30 Prozent der Arbeitszeit; mit dem BayBEP sind jene Tätigkeiten erheblich angestiegen, die nicht die direkte Arbeit mit Kindern betreffen (z. B. Beobachtung und Dokumentation; Bildungspartnerschaft mit Eltern; Kooperation und Vernetzung mit anderen Stellen; mehr Vor- und Nachberatungsaufwand für Projekte und andere Bildungsangebote, Praktikantenanleitung; mehr Teamarbeit, konzeptionelle Weiterentwicklung als laufende Aufgabe);
- Festlegung eines bestimmten Kontingents an bezahlten Fortbildungstagen pro Jahr.

Im Rahmen des Gesetzgebungsverfahrens zum BayKiBiG ließen sich bessere Rahmenbedingungen noch nicht erreichen. Den im Herbst 2005 normierten *Mindestanstellungsschlüssel* von 1:12,5 sukzessiv zu verbessern

zählt jedoch zum landespolitischen Prioritätsthema vor Einführung eines gebührenfreien letzten Kita-Jahres vor der Einschulung. Eine erste Verbesserung auf 1:11,5 wurde im Herbst 2008 realisiert, nun wird der Schlüssel 1:10 angezielt.
Über die *Freistellung der Einrichtungsleitung* und die Verfügungszeiten des pädagogischen Personals entscheidet der Kita-Träger, was zu großen Unterschieden bei diesen Zeitressourcen im Träger- und Einrichtungsvergleich führt. Eine landesrechtliche Regelung hierzu ist aufgrund des vom Gesetzgeber zu beachtenden Konnexitätsprinzips nicht zu erwarten.
Eine hohe Belastung für Kitas ist – neben dem mit dem Krippenausbau derzeit einhergehenden Fachkräftemangel – die noch unzureichende BayBEP-Verankerung in der Ausbildung. Die Ausbildungsstätten greifen den BayBEP mit unterschiedlicher Intensität auf, sodass nicht wenige Nachwuchskräfte, die frisch von der Ausbildung kommen, den Plan nicht oder kaum kennen.

Weitere erfolgreiche Planimplementierung – entscheidende Bedingungen

Wichtigste Bedingung ist, die Lust am Entdecken, Gestalten und Experimentieren bei allen pädagogischen Fachkräften zu wecken und in jeder Kita eine fehlerfreundliche Kultur bei der Planumsetzung zu schaffen. Dies gelingt unter folgenden Voraussetzungen:

- Basis- und Qualitätsstandards für eine gute Planumsetzung entwickeln in Kooperation zwischen Wissenschaft und Praxis und darauf aufbauend Selbst- und Fremdevaluationsinstrumente;
- Stärkung der Kita-Leitung durch Freistellung und Professionalisierung als notwendige Bedingung für die Entwicklung einer von Neugier geprägten Lernkultur in der Kita;
- Gezielte Steuerung regionaler Netzwerkbildung, in die alle Kitas in einen kollegialen Austausch über Veränderungsprozesse im Zuge der Planumsetzung eingebunden sind, um so die Chancen des voneinander Lernens und Profitierens zu erhöhen;

- Ausbau der Konsultationseinrichtungen, um mehr Hospitationsangebote zu schaffen, und dauerhafte Sicherstellung dieser Unterstützungsstruktur;
- Mehr Prozessbegleitung für Kitas durch Teamcoaching vor allem zu Basisthemen, um an den individuellen Ressourcen und lokalen Bedingungen ansetzend eigene Wege zu finden (kein Nachmachen);
- Ausbau und Professionalisierung der Fachberatung und Klärung von deren Rollenprofil;
- Qualifiziertes Fachpersonal durch bessere Verankerung des BayBEP in der Ausbildung;
- Aufbau eines verbindlichen Systems der externen Evaluation, die in allen Kitas in regelmäßigen Abständen durchgeführt wird (Berlin als Vorbild, siehe Best Practice-Beispiel S. 51ff).

Von der quantitativen zur qualitativen Jugendhilfeplanung

Bildungspläne und kommunale Bildungslandschaften

Von Reinhard Sliwka

AM 1. JANUAR 2005 trat das „Gesetz zum qualitätsorientierten und bedarfsgerechten Ausbau der Tagesbetreuung und zur Weiterentwicklung der Kinder- und Jugendhilfe" (Tagesbetreuungsausbaugesetz, TAG) in Kraft. Wie der lange Titel des Gesetzes bereits deutlich macht, ging es dem Gesetzgeber dabei neben dem quantitativen Ausbau der Tagesbetreuung für Kinder insbesondere auch um eine qualitative Weiterentwicklung der Erziehungs-, Bildungs- und Betreuungsangebote. Neben der Formulierung des Förderauftrages für Tageseinrichtungen und Tagespflege in § 22 Abs. 3 des SGB VIII – Kinder- und Jugendhilfe (KJHG), wurde in §22a des SGB VIII vorgegeben, dass auch die öffentlichen Träger der Jugendhilfe „die Qualität der Förderung in ihren Einrichtungen durch geeignete Maßnahmen" sicherstellen und weiterentwickeln sollen. Wie dieses unter den gegebenen strukturellen Rahmenbedingungen (Autonomie der Träger, unterschiedliche Zuständigkeiten) in Niedersachsen umgesetzt werden kann, wird im Folgenden konkretisiert. „Dazu gehören die Entwicklungen und der Einsatz einer pädagogischen Konzeption als Grundlage für die Erfüllung des Förderungsauftrags sowie der Einsatz von Instrumenten und Verfahren zur Evaluation der Arbeit in Einrichtungen."

Das bedeutet konkret, dass pädagogische und organisatorische Konzepte ebenso wie der Einsatz von Instrumenten und Verfahren zur Evaluation der Arbeit und die systematische Dokumentation der Entwicklungs- und Lernprozesse in den Kindertageseinrichtungen zu erarbeiten sind (vgl. 12. Kinder- und Jugendbericht, S. 199).

Weiter wird in § 22a SGB VIII festgelegt, dass die pädagogischen Fachkräfte in den Kindertageseinrichtungen dazu angehalten sind, mit den Erziehungsberechtigten der Kinder, den Tagesmüttern, anderen kinder- und familienbezogenen Institutionen sowie Initiativen im Gemeinwesen, insbesondere solchen der Familienbildung und Familienberatung, wie auch den Grundschulen zusammenzuarbeiten, um die Kontinuität des Erziehungsprozesses zu sichern.

Aus diesen Vorschriften ergibt sich, dass der Bundesgesetzgeber den Trägern der öffentlichen Jugendhilfe eindeutig die Verpflichtung auferlegt hat, für die Qualitätsentwicklung, insbesondere auch die pädagogische Qualität, in den Tageseinrichtungen zu sorgen. Weiter wird hier festgelegt, dass die Träger der öffentlichen Jugendhilfe die Realisierung dieses Förderauftrags auch in den Einrichtungen anderer Träger durch geeignete Maßnahmen sicherzustellen haben.

Damit kann am „ob" einer Qualitätsentwicklung in Kindertageseinrichtungen und auch an der Zuständigkeit des öffentlichen Trägers der Jugendhilfe kein Zweifel bestehen. Wie so oft bleibt aber die Frage des „wie", also der konkreten Umsetzung vor Ort, offen.

Qualitätsbereiche in der Kita-Arbeit

Die grundlegenden Qualitätsbereiche einer Kindertageseinrichtung können unterteilt werden in die Orientierungsqualität, die Strukturqualität, die Prozessqualität, die Management- und Organisationsqualität sowie die Kontextqualität (12. Kinder- und Jugendbericht, S. 200). Die *Strukturqualität* trifft die räumlich-materialen und sozialen Rahmenbedingungen wie beispielsweise Gruppengrößen, während die Prozessqualität sich auf die Interaktion zwischen ErzieherInnen und

Kind sowie die Interaktion der Kinder untereinander bezieht. Die *Management- und Organisationsqualität* kann durch entsprechende Qualitätsmanagementsysteme verbessert werden. *Kontextqualität* bezieht sich auf die Inanspruchnahme von Fachberatung, Fortbildungsangeboten usw. durch die MitarbeiterInnen der Einrichtungen. Unter *Orientierungsqualität* ist schließlich das Vorhandensein und die Verbindlichkeit eines entsprechenden Curriculums zu verstehen (ebd.).

Durch die internationale und auch nationale Qualitätsforschung ist die große Bedeutung *pädagogischer Qualität* in den Kindertageseinrichtungen für die Entwicklung der Kinder sowohl im sprachlich-kognitiven als auch im sozialen Bereich belegt worden (ebd.). Dabei sind die Bildungspläne der Länder für den Elementarbereich ein wichtiger Ansatz zur Verbesserung der *Orientierungsqualität* in den Kindertagesstätten.

Gemeinsame Grundlage für die Erstellung dieser Bildungspläne in den Ländern ist das Dokument „Gemeinsamer Rahmen der Länder für die frühe Bildung in Kindertageseinrichtungen" der Jugendministerkonferenz 2004, in dem die Bildungsbereiche aufgelistet werden, in denen die Bildungsmöglichkeiten des Kindes geachtet und gefördert werden sollen (ebd., S. 205). Entsprechende Bildungspläne sind zwischenzeitlich in allen Bundesländern erlassen worden.

Qualität ja – aber wie sieht es mit der Umsetzung in die Praxis aus?

Problematisch ist allerdings, dass es in der überwiegenden Zahl der Länder keine Verpflichtung gibt, diese Bildungspläne in den Kindertageseinrichtungen auch umzusetzen. Überwiegend beruht die Umsetzung auf Vereinbarungen der Länder mit den jeweiligen Spitzenverbänden der freien Wohlfahrtsverbände sowie der kommunalen Spitzenverbände. Diese erklären sich im Rahmen einer sogenannten „Selbstverpflichtung" zwar zur Umsetzung bereit. Gleichzeitig wird jedoch auf den empfehlenden Charakter des Plans sowie auf die Eigenverantwortung der Träger für die konkrete Ausgestaltung der Bildungsarbeit in ihren Einrichtungen hingewiesen (vgl. z. B. Erklärung zum Orientierungsplan für Bildung und Erziehung im Elementarbereich niedersächsischer Tageseinrichtungen für Kinder, S. 4). Verbindliche gesetzliche Regelungen mit einer entsprechenden Verpflichtung zur Umsetzung der Bildungspläne in den Kindertageseinrichtungen fehlen in der Regel in den gesetzlichen Bestimmungen über Kindertagesstätten der Länder. Etwas konkretere Hinweise finden sich z. B. im Bayerischen Kinderbildungs- und Betreuungsgesetz (BayKiBiG) mit Ausführungsverordnung (AVBayKiBiG).

Überwiegend ist diese Zurückhaltung der Landesgesetzgeber darauf zurückzuführen, dass sie die entsprechenden finanziellen Folgen fürchten, da nach dem sogenannten „Konnexitätsprinzip" die Länder bei der Auferlegung entsprechender gesetzlicher Verpflichtung für die Kommunen die notwendigen finanziellen Folgekosten zu tragen haben.

So findet zwar in allen Bundesländern in der Regel eine umfassende Information über die jeweiligen Bildungspläne statt, eine flächendeckende verpflichtende Qualifizierung ist aber in den meisten Fällen ebenso wenig vorgesehen wie eine externe Evaluation zur Umsetzung der Bildungspläne in den Kitas (vgl. Bock-Famulla & Große-Wöhrmann, 2009).

Letztlich ist es damit nach wie vor Sache der örtlichen öffentlichen Jugendhilfeträger bzw. der Träger der Einrichtungen, ob und inwieweit die Bildungspläne der Länder in den Einrichtungen umgesetzt und zur Grundlage der Orientierungsqualität gemacht werden.

Best practice – Kommunale Bildungslandschaften

Diese Umsetzung kann durch die öffentlichen Jugendhilfeträger idealer Weise im Zuge des Aufbaus kommunaler Bildungslandschaften erfolgen.

Mit der Begrifflichkeit „kommunale/lokale bzw. regionale Bildungslandschaft" oder „Bildungsnetzwerke" werden Konzepte einer kommunal verantworteten Bildungspolitik verstanden, die im Kern durch eine enge Kooperation von Schule (Verantwortungs- und Zuständigkeitsbereich des Landes) und Jugendhilfe (Verantwortungs- und Zuständigkeitsbereich des örtlichen öffentlichen Trägers der Jugendhilfe) ganzheitliche Bildungsansätze für Kinder und Jugendliche im Sinne eines lebensbegleitenden bzw. an der Bildungsbiografie orientierten Lernens für Kinder und Jugendliche entwickeln will (vgl. Hebborn, 2009, S. 6; Mack, 2007, S. 16). Dabei geht es insbesondere um die Einbeziehung und Vernetzung von formaler und non-formaler sowie informeller Bildung, insbesondere die außerschulische Bildung sowie kulturelle Bildung und Weiterbildung.

Der damit verbundene Wandel des kommunalen Aufgabenverständnisses für die Bildung erfolgt aus dem Bewusstsein der Bedeutung eines modernen und funktionierenden Bildungswesens und entsprechend qualifizierter BürgerInnen für die örtliche Struktur- und Wirtschaftsentwicklung (Hebborn, 2009, S. 6).

Deshalb haben viele Kommunen bereits in den 90er Jahren ihre Rolle in der Bildung neu definiert. Unter dem Begriff einer „erweiterten Schulträgerschaft" engagieren sie sich für eine zukunftsfähige Schulentwicklung vor Ort und damit auch für die Qualität in den Schulen – und beschränken sich nicht mehr wie lange Zeit üblich und in den Schulgesetzen auch vorgesehen auf die sogenannten äußeren Schulangelegenheiten, also auf die Bereitstellung von notwendiger Infrastruktur und Ausstattung (vgl. Hebborn, 2008, S. 5).

Ende 2007 veranstaltete der Deutsche Städtetag (DST) in Aachen den Kongress „Bildung in der Stadt" an dessen Ende die „Aachener Erklärung" verabschiedet wurde, in der die kommunale Bildungslandschaft als Leitidee mit folgenden Kernelementen skizziert wird:

- Individuelle Potentiale des Individuums und deren Förderung in der Lebensperspektive sind Ausgangspunkt für die Organisation von Bildungs- und Lernprozessen. Kein Kind, kein Jugendlicher darf verloren gehen.

- Die für Bildung zuständigen Akteure arbeiten auf der Basis verbindlicher Strukturen zusammen: Kinder, Familien- und Jugendhilfe, Schule, Kultur, Sport, Wirtschaft etc.
- Eltern bzw. Familien werden als zentrale Bildungspartner einbezogen.
- Übergänge werden nach dem Prinzip „Anschlüsse statt Ausschlüsse" ermöglicht und gestaltet.
- Die kulturelle Bildung wird als wichtiger Teil ganzheitlicher Bildung einbezogen (Hebborn 2008, S. 7).

Dieses Verständnis einer kommunalen Bildungslandschaft entspricht auch den Leitlinien, die bereits im 12. Kinder- und Jugendbericht formuliert wurden. Auch dort wird die wichtige Aufgabe und Rolle der Kommunen bei der Entwicklung eines integrierten Systems von Bildung, Betreuung und Erziehung geschildert (12. Kinder- und Jugendbericht, S. 347).

Konventionelle Grenzen überschreiten – Bildungsplanung im Dialog

Grundlage für die Entwicklung einer kommunalen Bildungslandschaft ist eine Bildungsplanung, die als integrierte Fachplanung die Grenzen der Teilsysteme Kinder- und Jugendhilfe sowie Schule überwindet, um so ein Gesamtsystem für Bildung, Betreuung und Erziehung im kommunalen Raum zu entwickeln. Im Kern einer solchen Bildungsplanung steht deshalb eine integrierte Jugendhilfe und Schulentwicklungsplanung, die mit der Sozialplanung und Stadtentwicklungsplanung abzustimmen ist (vgl. Mack, 2007; Maykus, 2007).

Auch dafür gibt es eine gesetzliche Grundlage: Bereits seit 1991 fordert das Kinder- und Jugendhilfegesetz (SGB VIII) bereits die öffentlichen Träger der Jugendhilfe dazu auf, die Jugendhilfeplanung mit anderen für Kinder, Jugendliche und ihre Familien relevanten Planungen abzustimmen (§80 Abs.4 SGB VIII).

§ 81 SGB VIII legt zudem die Verpflichtung zur Zusammenarbeit mit anderen Stellen und öffentlichen Einrichtungen fest.

Im Rahmen einer solchen integrierten Jugendhilfe und Schulentwicklungsplanung könnten vor Ort in den Kommunen die notwendigen Schritte für die Umsetzung der Qualitätsverbesserung der pädagogischen Arbeit und der Qualitätsentwicklung insgesamt in den Kindertagesstätten erfolgen. In diesem Sinne müsste die von den Landesgesetzgebern vorgeschriebene quantitative Kindertagesstätten-Entwicklungsplanung (vgl. z. B. § 13 des Niedersächsischen Gesetzes zur Tageseinrichtung für Kinder (KitaG)) durch die Planung der Qualitätsentwicklung in den Kindertagesstätten ergänzt werden. Durch die integrierte Jugendhilfe- und Schulentwicklungsplanung bietet sich damit auch die Möglichkeit, die bisherige Versäulung im Bildungssystem zu überwinden und Übergänge, wie gerade auch den Übergang von der Kindertagesstätte in die Grundschule, gemeinsam zu gestalten.

Dabei bietet es sich an, dass die Kommunen sich dabei an den jeweiligen Bildungsplänen der Länder orientieren und im Rahmen ihrer Planung die notwendigen Maßnahmen und Wege beschreiben, wie diese Bildungspläne in eigenen und in den Kindertagesstätten anderer Träger umgesetzt werden können und welche Ressourcen dafür bereitgestellt werden. Dabei muss allerdings den Einrichtungen die Möglichkeit eröffnet werden, eigene inhaltliche Schwerpunktsetzungen vorzunehmen. Auch die Orientierung am räumlichen Umfeld der Kindertagesstätte ist im Rahmen der notwendigen Sozialraumorientierung möglich (vgl. Mack, 2007, S. 20ff.). Insgesamt fehlt bislang für die Träger der Einrichtungen ein Anreizsystem, sich so zu orientieren.

Notwendig ist in diesem Zusammenhang ein abgestimmtes Verfahren zwischen den Ländern und den Kommunen sowie den freien Trägern der Kindertageseinrichtungen. Grundlage dafür könnte eine Vereinbarung zwischen dem jeweiligen Land und den kommunalen Spitzenverbänden sowie den Landesverbänden der Wohlfahrtspflege und den Kirchen sein.

Das jeweilige Land könnte seinen Aufgaben entsprechend schwerpunktmäßig die Aufgabe der Qualifizierung des in den Einrichtungen tätigen pädagogischen Personals im Rahmen von abgestimmten Maßnahmen der Fort- und Weiterbildung übernehmen. Die notwendige Freistellung der MitarbeiterInnen müsste zwischen dem Land und den Kommunen abgestimmt werden. Durch die flächendeckende Fort- und Weiterbildung der pädagogischen MitarbeiterInnen in den Kindertagesstätten würde ein wichtiger Beitrag für eine nachhaltige Qualitätsentwicklung im pädagogischen Bereich geleistet werden. Ergänzt werden könnte ein solches Weiter- und Fortbildungssystem durch eine landesweites Online-Portal, über das wissenschaftliche Erkenntnisse und weitere Informationen schnell und unkompliziert verbreitet und der Austausch untereinander weiter gefördert werden könnten.

Es müssten darüber hinaus zwischen den Ländern und den jeweiligen Kommunen und Trägern Verabredungen über die interne und externe Evaluierung der Einrichtungen getroffen werden, um die Fortschritte bei der Implementierung der Bildungspläne zu dokumentieren. Ergänzt werden könnte das Verfahren durch eine entsprechende Bildungsberichterstattung in den Kommunen, die auf Landesebene gebündelt wird, um so über den jeweils aktuellen Stand der Umsetzung der Bildungspläne in den Kindertageseinrichtungen zu informieren.

Im Interesse von Eltern und Kindern handeln

Es gibt im Übrigen auch bereits Kommunen, die den hier skizzierten Weg der Implementierung von Landesbildungsplänen beschritten haben: in dem Bericht zur „Kommunalen Bildungslandschaft Heidelberg“ heißt es auf den Seiten 14 und 15 im Kapitel „Qualität in der frühkindlichen Bildung und Betreuung – QUASI Heidelberg“, dass der „Orientierungsplan für Bildung und Erziehung für Baden-Württembergische Kindergärten“ in den Kindertagesstätten der Stadt eingeführt werden soll. Die Stadt Heidelberg will danach alle ErzieherInnen entsprechend fortbilden und gezielt den Orientierungsplan in jeder Kindertageseinrichtung Heidelbergs im Laufe der nächsten drei Jahre professionell einführen (Kommunale Bildungslandschaft Heidelberg, 2008, S. 14–15; siehe auch den Best Practice-Bericht auf S. 101ff)

Eine zwischen den Ländern und den Kommunen abgestimmte Bildungsplanung könnte so vor Ort im Rahmen der Entwicklung kommunaler Bildungslandschaften ein wirksames Instrument für die Implementierung der jeweiligen Landesbildungspläne für den Elementarbereich in den Kindertagesstätten sein. Kommunale und regionale Bildungslandschaften können auch einen wichtigen Beitrag dazu leisten, das in Deutschland übliche Nebeneinander unterschiedlicher Zuständigkeiten zwischen getrennten Rechtssystemen und ressortmäßig aufgeteilten Aufgabenbereichen sowie der Vielfalt unterschiedlicher Anbieter und Akteure gerade im Bereich der Elementar- und Primarbildung zu überwinden. Das Zusammenspiel von Ländern, Kommunen und freien Trägern bei der Umsetzung der Bildungspläne bietet damit die große Chance, tatsächlich den Lebenslauf und die Bildungsbiografie der Kinder zum Mittelpunkt der praktischen Politik vor Ort zu machen. Eine solche Politikgestaltung liegt im besonderen Interesse von Eltern und Kindern.

Das Projekt QUASI Heidelberg

Die Umsetzung des Orientierungsplans für Bildung und Erziehung in Baden-Württembergischen Kindergärten und weiteren Kindertageseinrichtungen[4]

Von Prof. Dr. Jeanette Roos, Dipl. Psych. Margareta Heck und Dipl. Psych. Andrea Tettenborn

DER BADEN-WÜRTTEMBERGISCHE Orientierungsplan (vorläufige Fassung vom Juli 2009) ist für den Elementarbereich (3–6 Jahre) konzipiert. Das Ausmaß seiner Verbindlichkeit ist nicht allzu groß, denn er basiert derzeit auf einer Vereinbarung mit den freien und kommunalen Trägern, die Bildungsrichtlinien umzusetzen. Die gegenwärtigen autonomen Trägerstrukturen erschweren es erheblich, bei allen Rechtsträgern das gleiche Verständnis der Vereinbarungen sicherzustellen. Die Implementierungsphase des Baden-Württembergischen Orientierungsplans in den Jahren 2007 bis 2009 wurde durch eine Qualifizierungsmaßnahme des pädagogischen Fachpersonals, deren Kosten hälftig von Land und Kommunen getragen wurden, sowie außerdem durch ein wissenschaftliches Projekt begleitet. Idee war es, dass Fortbildungen mit den folgenden sechs bis neun ganztägigen Bausteinen von allen Fachkräften des Landes besucht werden:

---

4 Beantragt wurde das Projekt durch Prof. Dr. Jeanette Roos und Prof. Dr. Hermann Schöler von der Pädagogischen Hochschule Heidelberg, Prof. Dr. Franz Resch, Leiter der Klinik für Kinder- und Jugendpsychiatrie, Psychosoziales Zentrum des Universitätsklinikums Heidelberg, sowie von Prof. Dr. Martin Klett, dem damaligen Leiter des Gesundheitsamtes des Rhein-Neckar-Kreis. Seit 2010 obliegt die Projektleitung Frau Prof. Dr. Jeanette Roos und Dr. Johann Haffner (in Vertretung für Herrn Prof. Dr. Franz Resch), das Gesundheitsamt des Rhein-Neckar-Kreis ist Kooperationspartner und wird durch Dipl. Päd. Rainer Steen vertreten.

1. Die Chancen des Orientierungsplanes (*bis* zu 2 Tage)
2. Beobachtung und Dokumentation (*bis* zu 2 Tage)
3. Kooperation mit Eltern, Schulen, anderen Partnern und Institutionen (1 Tag)
4. Wahlmodule aus den sechs Bildungs- und Entwicklungsfeldern des Orientierungsplans (Körper, Sinne, Sprache, Denken, Gefühl und Mitgefühl sowie Sinn, Werte und Religion) (*bis* zu 3 Tage)
5. Sprachbildung und Sprachförderung als zentrales Bildungs- und Entwicklungsfeld im Orientierungsplan (2 Tage)
6. Fortbildung Leitungskräfte (1 Tag)

Nicht allzu viele Fortbildungsträger und Institutionen im Bundesland boten gleichzeitig alle geforderten inhaltlichen Bausteine an – insbesondere in den ländlichen Regionen und kleineren Städten war das Fortbildungsangebot eher mager. Die Organisation und Teilnahme an den Fortbildungen forderte von Trägern, Einrichtungen wie Fachpersonal viel Informationswillen und Eigeninitiative. Fahrtkosten und Gelder für Ausfallzeiten von MitarbeiterInnen, die an den Fortbildungen teilnahmen, waren nicht vorgesehen und mussten von den Trägern geschultert werden. Insbesondere kleinere Träger zeigten unter diesen Umständen geringere Motivation, Fachkräfte weiterbilden zu lassen.

Für die weitere Umsetzung nach der Implementierungsphase (ab Sommer 2009) haben sich Landesregierung und kommunale Landesverbände auf die Verbesserung der Personalsituation in den Kindergärten geeinigt. Es ist beabsichtigt den Personalschlüssel je Gruppe stufenweise um 0,3 Stellen zu erhöhen. Im Kindergartenjahr 2010/11 soll eine Anhebung um 0,1 Stellen erfolgen, weitere Schritte sind in den beiden Folgejahren vorgesehen. Zudem beabsichtigt das Land noch einmal Mittel zur weiteren Qualifizierung des pädagogischen Personals in Aussicht zu stellen.

Implementierung und Umsetzung des Orientierungsplans – das Projekt QUASI Heidelberg

Das Projekt QUASI Heidelberg wurde von der Stadt Heidelberg gemeinsam mit ihren Kooperationspartnern aus dem Hochschulbereich und dem Gesundheitsamt initiiert und startete im Herbst 2006 mit einer Auftaktveranstaltung für alle Fachkräfte und Träger der Stadt. Der bereits vor der Projektgründung etablierte rege Austausch zwischen Wissenschaft, Praxis und Politik hat sich bei der Aufgabe, die frühkindliche und Elementarbildung in der Stadt voranzubringen, sehr positiv ausgewirkt. Erleichtert wird die Aufgabe zudem, weil sich der überwiegende Teil der Träger mit all ihrer Vielfalt und Unterschiedlichkeit darum bemüht, ein gemeinsames Ziel zu verfolgen. Das Projekt QUASI Heidelberg sollte zunächst sicherstellen, dass Kindertageseinrichtungen und Krippen aller Träger der Stadt Heidelberg sowie das dort arbeitende pädagogische Personal während der Implementierungsphase nicht auf sich allein gestellt sind, und hatte den Auftrag, den Implementierungsprozess zu organisieren und zu strukturieren, mit wissenschaftlich fundierten Inhalten zu füllen, Ansprechpartner und Anlaufstelle zu sein. Das Projekt bindet Einrichtungen fast aller Träger der Stadt Heidelberg in eine gemeinsame, durch fortlaufende Beratung und Moderation begleitete Qualifizierungsmaßnahme ein. Ein Anfang 2007 gegründeter Beirat, in dem neben der Stadt Heidelberg (vertreten durch das Kinder- und Jugendamt), die Pädagogische Hochschule, die Klinik für Kinder- und Jugendpsychiatrie, das Gesundheitsamt, VertreterInnen aller großen Träger (katholische und evangelische Kirche sowie die Stadt Heidelberg) und auch die kleineren Träger durch jeweils gewählte VertreterInnen repräsentiert sind, unterstützt, koordiniert und steuert den Fortgang des Projektes. Damit gelingt es, Ressourcen zu bündeln, sich auszutauschen und sicherzustellen, dass allen ErzieherInnen der Stadt Heidelberg im gleichen Zeitraum inhaltlich adäquate, theoriegeleitete und dennoch möglichst praxisnahe Fortbildungsinhalte vermittelt werden. Darüber hinaus wird vor allen Dingen angestrebt, vergleichbare Qualitätskriterien, Qualitätssicherungs- und -entwicklungsmaßnahmen innerhalb sämtlicher Einrichtungen der Stadt zu etablieren und diese durch Coaching zu begleiten. Auch der Einsatz von zum Teil selbst entwickelten oder angepassten Verfahren[5] und Instrumenten zur Diagnostik und Dokumentation von Entwicklungs- und Bildungsprozessen wird angeleitet und wenn nötig auf die Bedürfnisse der Einrichtungen zugeschnitten. Während des dreijährigen Prozesses wurden regelmäßige Fortbildungs- und Qualifizierungsmaßnahmen unter Berücksichtigung wissenschaftlicher Kriterien vor Ort angeboten.

In finanzieller Hinsicht ist die Realisierung des Projektes neben der Stadt Heidelberg insbesondere der Klaus Tschira Stiftung zu verdanken, die die wissenschaftliche Begleitung des Projektes ermöglicht sowie Sachmittel zur Verfügung stellt und einen kleinen Teil der Fortbildungsmaßnahmen finanziert. Die Stadt Heidelberg finanziert insbesondere die Durchführung der Fortbildungen des Projektes sowie zudem Personalmittel für die Organisation der Fortbildungen und die Durchführung des Coachings im Rahmen der Qualifizierungsmaßnahme. Die Pädagogische Hochschule stellt kostenlos Räume und Technik für die Fortbildungsveranstaltungen zur Verfügung. Durch die finanzielle Unterstützung der Klaus Tschira Stiftung und eine Erhöhung der anteiligen Finanzierung durch die Kommune konnte QUASI Heidelberg mehr Fortbildungstage und damit -inhalte anbieten, als vom Land vorgesehen.

1. Fortbildungen

Alle 600 ErzieherInnen, die in den Kindertageseinrichtungen und Krippen Heidelbergs arbeiten, erhalten seit Februar 2007 curricular übereinstimmende und inhaltlich wie methodisch anspruchsvolle Fortbildungsveranstaltungen nebst einheitlichen Materialien und Fortbildungsunterlagen, die über eine eigene Projekt-Homepage (www.quasi-heidelberg.de) abgerufen werden können bzw. verteilt werden. Dieses Vorgehen spart Fahrtkosten und Lebenszeit, minimiert den organisatorischen Aufwand von Trä-

5 Im Bereich Diagnostik fand eine Kooperation der Projekte QUASI-Heidelberg und BIKO (Bildung im Kindergarten organisieren), Psychologisches Institut für Bildung in Erziehung und Unterricht, Westfälische Willhelms-Universität Münster, mit Prof. Dr. Manfred Holodynski & Dipl. Psych. Dorothee Seeger statt.

gern und Kindertageseinrichtungen und fördert zudem den regelmäßigen Austausch zwischen MitarbeiterInnen von Kindertageseinrichtungen in der Stadt, die vorher wenig oder keine Berührungspunkte hatten.

Für die ErzieherInnen stehen insgesamt zwölf Fortbildungstage à acht Stunden zur Verfügung. Leitungskräfte erhalten drei zusätzliche Fortbildungstage. Die Fortbildungsinhalte sind an die im Orientierungsplan beschriebenen Bausteine angelehnt, wurden aber inhaltlich ergänzt und auf den Altersbereich zwischen 0 und 7 Jahren zugeschnitten. Anders als im Orientierungsplan vorgesehen, werden bei QUASI Heidelberg einige Bildungs- und Entwicklungsfelder kombiniert bzw. zusammengefasst und um weitere Bausteine inhaltlich erweitert (z. B. Qualitätsentwicklung und -sicherung, personale Ressourcen, motivationale Entwicklung, Moralentwicklung, interkulturelle Kompetenz). Ausnahmslos alle im Orientierungsplan Baden-Württemberg beschriebenen Bildungs- und Entwicklungsfelder werden durch Fortbildungsveranstaltungen abgedeckt. Die ErzieherInnen wählen nicht, wie das im Landfortbildungskonzept vorgesehen ist, einzelne Bildungs- und Entwicklungsfelder aus. QUASI Heidelberg hat außerdem der Forderung (z. B. Elschenbroich, 2001) versucht Rechnung zu tragen, durch entsprechende Fortbildungsinhalte pädagogischen Fachkräften Wissen aus den Bereichen mathematische Bildung, Naturwissenschaften und Technik nahezubringen, um Kindern vor der Schule mehr Möglichkeiten zum spielerischen Wissenserwerb in diesen Bereichen einzuräumen, da diese bislang in der Bildung zu wenig Raum einnehmen.

Zu jedem Fortbildungsbaustein wurden sechs Termine angeboten, die sich über mehrere Wochen verteilten. Jede Fortbildung wird mindestens durch zwei ReferentInnen gestaltet, die im vorgestellten Inhalt durch hohe Expertise ausgewiesen waren. Alle Fortbildungen werden durch die teilnehmenden Fachkräfte anonym evaluiert und deren Ergebnisse regelmäßig auf der QUASI Homepage veröffentlicht. In aller Kürze lässt sich sagen, dass die Fortbildungen 2007 und 2008 im Durchschnitt vom Anforderungsniveau wie auch der dafür aufzuwendenden Zeit als angemessen erlebt wurden. Die TeilnehmerInnen gaben an, dass die Fortbildungen für sie im Großen und Ganzen gut strukturiert und verständlich waren und sie dort Sinnvolles und Wichtiges für die Tätigkeit in den Kindertageseinrichtungen lernen konnten. Alle Fortbildungen der Jahre 2007 bis 2009 zusammengenommen wurden auf einer Skala von 0 bis 10, durchschnittlich mit 7 bewertet; der Wert 10 entspräche einer „idealen" Fortbildung.

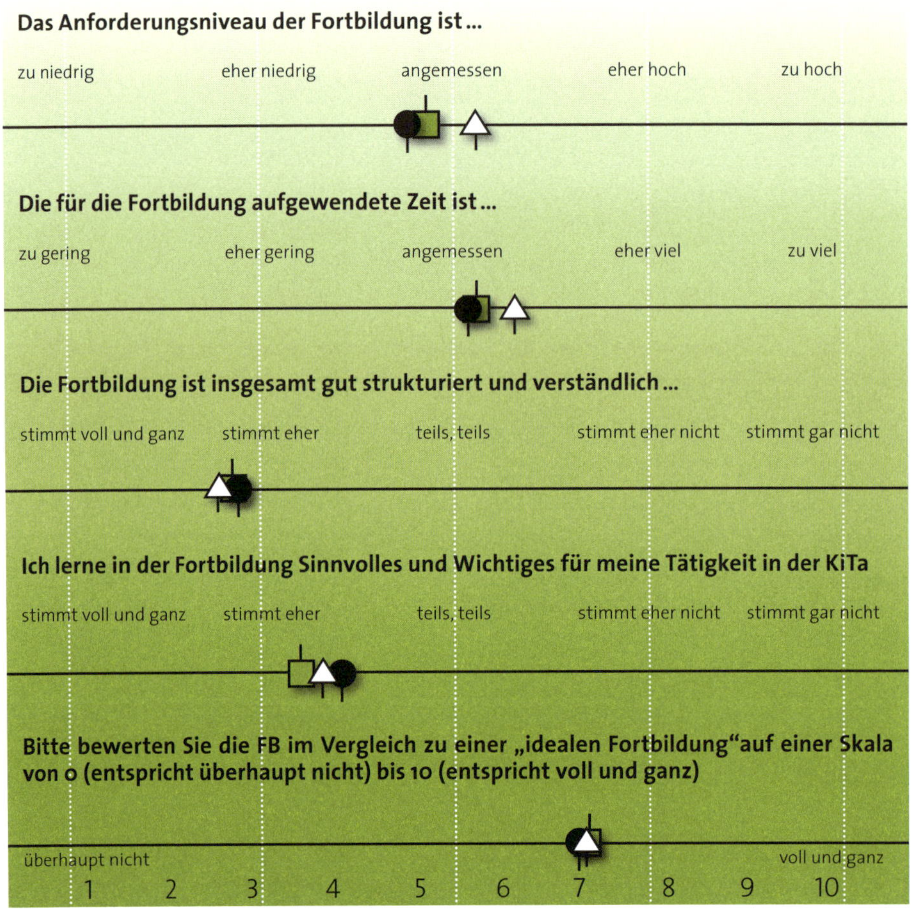

Abbildung 1: Beurteilung einzelner Fortbildungsaspekte durch die ErzieherInnen (Symbol ▢: Fortbildungen 2007; ●: Fortbildungen 2008, △: Fortbildungen 2009)

FORTBILDUNGSVERANSTALTUNGEN IM ÜBERBLICK		
2007	**2008**	**2009**
Leitungsfortbildung: Qualitätssicherung und Qualitätsentwicklung in der Kindertageseinrichtung – Evaluation pädagogischer Arbeit	Körperliche Entwicklung: Psychomotorische Frühförderung	Grundlagen der sozio-emotionalen und motivationalen Entwicklung
Grundlagen des Orientierungsplans, Interne Evaluation und Einführung in den Nationalen Kriterienkatalog	Personale Ressourcen	Sprachförderung in der Krippe
Sprache und Chronologie des Spracherwerbs	Sinn, Werte, Religionen	Förderung sozialer und emotionaler Kompetenzen
Auffälligkeiten bei Stimme, Sprechen und Sprache	Frühkindliche Entwicklung	Körperliche Entwicklung: Körper und Gesundheit
Allgemeine Grundlagen der Diagnostik; Sprachdiagnostik	Allgemeine Grundlagen der Diagnostik; Entwicklungsdiagnostik	Diagnostik und Bildungsplanung (getrennt für Kinder von 0–3 und 4–6 Jahre)
Grundlagen der Sprachförderung	Sprachförderung (Vertiefung)	Kooperation zwischen Kindergarten und Grundschule
Kognitive Entwicklung, Diagnostik und frühe naturwissenschaftliche Förderung	Kognitive Entwicklung und frühe mathematische Förderung	Erziehungspartnerschaft zwischen Eltern, pädagogischen Fachkräften und anderen Partnern (mit besonderer Berücksichtigung interkultureller Kompetenzen)
		Leitungsfortbildung: Reflexion der Qualitätssicherung und -entwicklung
		Freiwillige Teilnahme: Intensivschulung Entwicklungs-diagnostik (4–6 Jahre)

Tabelle 2: Inhaltsübersicht sämtlicher Fortbildungsveranstaltungen im Implementierungszeitraum (2007–2009).

2. Qualitätssicherung und Qualitätsentwicklung durch interne Evaluation

Die interne Evaluation der pädagogischen Arbeit in den Kindertageseinrichtungen stellt neben dem Fortbildungsangebot für die ErzieherInnen und der Feststellung des Entwicklungsstandes der Kinder eine der zentralen Säulen des Projekts QUASI Heidelberg dar und wird durch eine fachliche Begleitung der Teams in den Einrichtungen gezielt unterstützt. Eine einführende Fortbildung für Leitungskräfte zielte darauf ab, die notwendige Akzeptanz für den Qualitätsentwicklungsprozess generell wie auch für das entsprechende Qualitätsentwicklungsinstrument speziell zu schaffen. Neben der Vermittlung allgemeiner Grundlagen des Orientierungsplans und der Qualitätsentwicklung wie Evaluation lag das Hauptaugenmerk für alle pädagogischen Fachkräfte vor allem auf der Vorstellung und praktischen Anwendung der Checklisten des Nationalen Kriterienkatalogs (Tietze et al., 2007a). Mit dem Nationalen Kriterienkatalog liegt ein Instrument vor, das für 20 Qualitätsbereiche konkrete verhaltensnahe Kriterien zur Bearbeitung in den Kindertageseinrichtungen anbietet. Um die interne Evaluation durchzuführen, wird für jeden Qualitätsbereich eine Checkliste zur individuellen Bearbeitung angeboten (Tietze et al., 2007b), die konkrete Handlungen und Situationen im pädagogischen Alltag beschreibt und auf diese Weise eine möglichst klare Selbsteinschätzung und damit eine Situationsanalyse der Stärken und verbesserungsfähigen Aspekte der pädagogischen Arbeit ermöglicht. Alle MitarbeiterInnen setzen sich zunächst einzeln, anhand vorgegebener Evaluationsfragen und Qualitätskriterien, kritisch mit ihrer individuellen Arbeit auseinander und erstellen anschließend ein *gemeinsames Qualitätsprofil* für ihre Kindertageseinrichtung. Aus diesem Qualitätsprofil werden Stärken und Schwächen sowie unterschiedliche Einschätzungen der Arbeit zwischen den Fachkräften ersichtlich. Es stellt die Grundlage für die Weiterarbeit im Team dar. Im sich anschließenden, weitere Schritte umfassenden Arbeitsprozess (Qualitätszirkel/Sieben-Schritte-Verfahren) werden Aspekte zur Weiterentwicklung herausgearbeitet sowie Qualitätsziele formuliert und einzelne konkrete Umsetzungsmöglichkeiten geplant. Am Ende der Evaluationsphase werden die Ergebnisse im Team geprüft und beurteilt, danach beginnt der Qualitätszirkel erneut (vgl. auch Roos et al., 2007b).

Im Jahr 2007 wurden die Qualitätsbereiche *Sprache und Kommunikation* sowie *Kognitive Entwicklung* von den Teams in den Heidelberger Kindertageseinrichtungen intern evaluiert, im Folgejahr war der Qualitätsbereich *Bewegung* an der Reihe und im Jahr 2009 die Qualitätsbereiche *Sozio-emotionale Entwicklung* sowie *Zusammenarbeit mit Familien*. Jeweils parallel dazu widmeten sich die Fortbildungen den in der Praxis evaluierten Qualitätsbereichen theoretisch (siehe Tabelle 2, S. 107).

Ein weiteres wesentliches Element für eine gelingende Umsetzung der Qualitätsentwicklungsmaßnahmen ist die fachliche Begleitung der einzelnen Teams in den Einrichtungen. Während des Qualitätsentwicklungsprozesses im Rahmen der Implementierungsphase wurden die Einrichtungen nach Bedarf sowohl durch telefonische Beratung als auch durch Coaching vor Ort unterstützt. Coaching-Termine vor Ort erwiesen sich als sehr wichtiges Unterstützungsinstrument der Teams, da sie sich an den Bedürfnissen der Einrichtungen orientierten und gezielt Hilfen anboten. Bei allen Problemen, welche die Qualitätsentwicklung mit sich bringt, ist die Hervorhebung und Würdigung der Stärken der pädagogischen Arbeit der Teams in den Kindertageseinrichtungen von großer Bedeutung.

Anfang Juli 2008 startete eine Befragung der teilnehmenden Einrichtungen zum Qualitätsentwicklungsprozess. An dieser Stelle sei lediglich vermerkt, dass gerade bei der Umsetzung von Maßnahmen zum Qualitätsmanagement von zahlreichen pädagogischen Fachkräften aller Träger die Rahmenbedingungen und damit verbundenen Möglichkeiten der Einrichtungen kritisiert werden: Der ungünstige ErzieherInnen-Kind-Schlüssel und insbesondere die viel zu kurzen Verfügungszeiten wirken sich aus Sicht des Fachpersonals negativ bzw. behindernd auf die Umsetzung der Qualitätsentwicklung in den Einrichtungen aus. So mussten mitunter bereits etablierte Qualitätsstandards, wie z. B. eine intensive Elternarbeit, wieder zurückgestellt werden, um Zeit für den Evaluationsprozess zu gewinnen.

3. Entwicklungsdiagnostik und Dokumentation

Die Entwicklungsdiagnostik und Dokumentation des Entwicklungsstandes ist die dritte Säule von QUASI Heidelberg (vgl. auch Roos et al., 2007b). Der Einsatz kindbezogener diagnostischer Verfahren liefert Aufschluss über die Notwendigkeit gezielter Förderung des Kindes bzw. über die Effektivität eingeleiteter Fördermaßnahmen. Die kontinuierliche Durchführung von Entwicklungsdiagnostik, die sorgfältige und fortlaufende Dokumentation des Entwicklungsstandes der Kinder und die gezielte, ihrem aktuellen Kompetenzniveau angepasste Förderung werden künftig entscheidende Qualifikationen von im Elementarbereich tätigen Personen sein. In einer einführenden Fortbildung wurde daher zunächst die Bedeutung von Diagnostik erläutert und die grundlegenden Bedingungen diagnostischer Prozesse mit einem Schwerpunkt auf professioneller Beobachtung erörtert. Weitere Inhalte des Bausteins „Diagnostik" sind in die Bildungs- und Entwicklungsfelder der Fortbildungen integriert und werden im Zusammenhang mit diesen Entwicklungsbereichen bearbeitet. Wegen ihrer umfassenden Bedeutung ist die Diagnostik darüber hinaus in allen drei Implementierungsjahren Thema innerhalb jedes Bildungs- und Entwicklungsfeldes gewesen.

Ein nicht unerheblicher Teil der bisher erstellten Qualitätsprofile der Einrichtungen lässt Schwächen im Bereich Diagnostik und Dokumentation erkennen. Eine Tatsache, die nicht weiter verwundert, da dieser Bereich bislang nicht in die Ausbildung der Fachkräfte Baden-Württembergs integriert ist. Notwendige Kenntnisse für Auswahl, Einsatz und Durchführung bestimmter Verfahren fehlen und können nicht vorausgesetzt werden. Auch eine professionelle, an wissenschaftliche Kriterien angelehnte Beobachtung wurde weder systematisch angeleitet noch erprobt. Professionelle Beobachtung in der Kindertageseinrichtungen bedeutet absichtsvolles, zielgerichtetes, sorgfältiges und aufmerksames Wahrnehmen von Merkmalen und Verhalten der Kinder. Sie fragt danach, welches Kind was, wann und in welcher Art und Weise tut. Beobachten in diesem Sinne beruht auf Vergleichsprozessen. Was beobachtet wird, ist mit definierten Kategorien, bestimmten Klassen oder Normen von Entwicklung in Beziehung zu setzen. Dies gelingt nur, wenn entwicklungspsychologisches Wissen und dia-

gnostische Kompetenzen gleichermaßen vorhanden sind und aufeinander bezogen angewendet werden können.
Insbesondere in Einrichtungen, in denen sich das pädagogische Personal einem Ko-Konstruktions-Konzept verpflichtet fühlt und damit zum „kompetenten anderen"/zur „kompetenten anderen" wird, der/die in der Lage ist,

- Kindern Hilfen und Unterstützung zu geben, um von der gegenwärtigen Zone der Entwicklung zur nächsten fortzuschreiten, und daher
- den Lern- und Entwicklungsstand von Kindern einschätzen zu können und
- Möglichkeiten der Bildung und Förderung durch eine adäquate Gestaltung der Umwelt und Interaktion kennen muss,

sind die Aufgaben für die pädagogischen Fachkräfte sehr anspruchsvoll und mit der gegenwärtigen Ausbildung eher unvereinbar. Obgleich die Welt komplexer und das notwendige Basiswissen größer wird, hat sich die Ausbildung an Fachschulen und Fachakademien nicht entscheidend verändert. Während in vielen anderen Berufsfeldern eine zunehmende Spezialisierung zu beobachten ist, werden ErzieherInnen (wenn sie keine akademische Ausbildung ergreifen – was seit 2007 auch in Baden-Württemberg möglich ist) seit vielen Jahren in einer Breitbandausbildung auf ein Berufsbild vorbereitet, dessen Anspruchsniveau sich zunehmend erhöht hat und vermutlich weiterhin zunehmen wird. Baden-Württemberg hat seine Ausbildungsrichtlinien nicht dem Orientierungsplan und/oder den gesellschaftlichen Veränderungen angepasst. Den pädagogischen Fachkräften ist daher innerhalb der Fortbildungen explizit die Möglichkeit gegeben, diagnostische Verfahren und Instrumente kennenzulernen und Kompetenzen zur Durchführung von Entwicklungsdiagnostik, der Dokumentation der Ergebnisse und deren Interpretation zu erwerben. Die Umsetzung diagnostischer Maßnahmen, Dokumentation und Interpretation der Entwicklungsverläufe werden ab dem zweiten Fortbildungsjahr ebenfalls gezielt in den Einrichtungen begleitet und unterstützt, sodass mögliche individuelle Erfordernisse der einzelnen Einrichtung hinreichend Berücksichtigung finden können.

Ausblick

Das Projekt QUASI Heidelberg existiert nun im vierten Jahr und startete nach Abschluss der dreijährigen Implementierungsphase im Januar 2010 in eine zweite Runde. Derzeit wird der eingeschlagene Weg fortgeführt und kontinuierlich ausgebaut. Dabei werden insbesondere folgende Inhalte verfolgt:

- Fortbildungen in Anlehnung an die Inhalte des Orientierungsplans
- Fortbildungen zu aktuellen pädagogischen Themen
- Einstieg in die Entwicklungsdiagnostik
- Qualitätsmanagement: Coaching für Leitungen und pädagogische Teams
- Vernetzung von Krippen und Kindertageseinrichtungen kleiner Träger
- Leitungsqualifizierung mit PädQUIS (QuiK)
- Eventuell Zertifizierung von Einrichtungen mit dem „Deutschen Kindergarten Gütesiegel“

Unbestritten kommt pädagogischen Fachkräften eine entscheidende Schlüsselrolle im Rahmen von Bildungs- und Erziehungsprozessen sowie der innovativen Weiterentwicklung von Kindertageseinrichtungen zu. Ausbildung wie berufsbezogene Fort- und Weiterbildung dieser Fachkräfte gehören demnach zu den zentralen Instrumenten der Qualitätssicherung im System der Kindertageseinrichtungen. Fortbildungsmaßnahmen wie sie im Rahmen des Projekts QUASI Heidelberg stattfinden, sind eher dem Bereich temporärer Innovationsschübe zuzurechnen, dürfen aber nicht darüber hinwegtäuschen, dass in unserem Land strukturelle und konzeptionelle Reformen des Ausbildungssystems, wie sie im europäischen Ausland längst stattgefunden haben, auch weiterhin fehlen. Dazu gehören u. a. effektive und sinnvolle Verbindungen zwischen Aus, Fort- und Weiterbildung, eine Neukonzeptualisierung der theoretischen Ausbildungsgrundlagen mit Anpassung an Bildungs- bzw. Orientierungspläne, eine Verbesserung der beruflichen Perspektiven und Entwicklungschancen pädagogischer Fachkräfte (vgl. auch BMFSFJ, 2003). Die Forderung nach pädagogischer und Bildungsqualität und das Aufzeigen entsprechender Maßnahmen, Fortbildungen und dergleichen mehr, die zur Erreichung dieser Ziele partiell beitragen können, gewährleisten noch nicht, dass hohe Qualität in den Kindertageseinrichtungen auch erreicht wird, sie sichern bestenfalls ein erwartbares Minimum an Professionalisierung. Erst eine systematische (interne und externe) Evaluation kann darüber Auskunft geben, ob bestimmte Qualitätsstandards auch erreicht werden. Die Formulierung von Bildungszielen und Qualitätssicherungsmaßnahmen ist nicht zu trennen. In der gegenwärtigen Bildungsdebatte liegt der Fokus eher auf den Inhalten, während zentral für die Qualitätsdebatte insbesondere prozessuale Dimensionen der pädagogischen Arbeit sind (vgl. auch Nagel, 2009). Der Einsatz von Instrumenten der Qualitätsentwicklung und -sicherung wird gegenwärtig weitestgehend der Träger- und Einrichtungsverantwortung überlassen, die Struktur des Alltags in Kindertageseinrichtungen lässt kaum Raum für derlei Bemühungen. Nachdem die Qualitätsentwicklung und -sicherung bei QUASI Heidelberg seit Anfang 2010 nicht mehr verpflichtend ist, zeichnet sich ab, dass ungefähr ein Drittel der Einrichtungen den Qualitätsentwicklungsprozess engagiert und mit Gewinn weiter verfolgt, während ein anderes Drittel ihn eher halbherzig fortführt und ein weiteres Drittel die Qualitätsentwicklung und -sicherung mehr oder weniger aufgibt. Was zeigt, dass an der Überwindung der Abstinenz hinsichtlich der Evaluation der pädagogischen Arbeit, die auch mit vorhandener Strukturqualität und finanziellen Möglichkeiten zu tun hat, unbedingt weiter zu arbeiten ist, stellt doch die Evaluation eines der stärksten Instrumente zur Weiterentwicklung von Kindertageseinrichtungen dar.

Bildungspläne – ein essayistischer Ausblick

Das „Was“ ist klar, das „Wie“ stimmt skeptisch

Von Prof. Dr. Hilmar Hoffmann

ALLE BUNDESLÄNDER haben nun Bildungspläne, aber bei vielen Akteuren bleibt der Eindruck, dass die Bewegung ins Stocken geraten sei. Dabei ist allenthalben Bewegung. Sprachförderung, U3, Naturwissenschaft und vieles mehr. Für den vielleicht außenstehenden Hochschullehrer und den innenstehenden Vater eines Kindergartenkindes unterscheidet sich das Bild aber kaum: Alle ziehen am selben Strick, jeder und jede in eine andere Richtung. Hinsichtlich der Bildungspläne scheint zudem in einigen Bundesländern der Atem ausgegangen zu sein. Dementsprechend ist die Kritik von außen groß: Mehr Personal, bessere Qualifizierung, Zentralisierung der Bildungssteuerung, Organisationsentwicklung, bessere Rahmenbedingungen und vieles, vieles mehr.

Sämtliche in diesem Buch vorgetragenen Forderungen lassen sich aus den gegebenen Umständen des Umgangs mit den Bildungsplänen heraus rechtfertigen. Wahrscheinlich würde man sogar breite Unterstützung von PolitikerInnen, WissenschaftlerInnen, FachpolitikerInnen und auch ErzieherInnen bekommen. Umso mehr fragt man sich: Warum passiert eigentlich so wenig Konkretes in Bezug auf die Implementierung der Pläne, Einzelaktivitäten wie oben skizziert einmal ausgenommen?

Ein Punkt ist sicherlich das omnipräsente Problem der Finanzen. Um die geforderten Veränderungen zu erreichen, ist eine Aufstockung der

Finanzen unerlässlich. Gleichzeitig zeigt aber z. B. der letzte Bildungsgipfel, dass hiermit nur in unzureichender Form zu rechnen ist, da Bund, Länder und Gemeinden sich gegenseitig die Verantwortung zuweisen, einig allein darin, dass keiner die Kosten tragen will. Ohne Veränderungen dieses Hickhacks – demokratische Konsensbildung wäre sicher der falsche Begriff für das zu beobachtende Prozedere – werden alle Bildungspläne letztlich auf der Strecke bleiben und der nächste internationale Vergleich wird wieder einmal Erstaunen hervorbringen.

Dennoch ist die Finanzierung nicht die einzige Schwierigkeit. Auch mit geeigneter Finanzierung bleiben Probleme in der Infrastruktur der Tageseinrichtungen für Kinder, die einen Erfolg infrage stellen. Drei davon sollen hier exemplarisch skizziert werden, nämlich erstens die Steuerungsstruktur im Bereich der Tageseinrichtungen für Kinder, zweitens die Entwicklung der Landschaft der Kindertageseinrichtungen selbst und drittens die Implementierungskultur, also die Versuche, Bildungspläne auch umzusetzen.

1. Die Steuerung der Tageseinrichtungen für Kinder: Deutschland ist ein Land der Modellentwicklung, die Serientauglichkeit in der Pädagogik wird aber vernachlässigt

Tageseinrichtungen für Kinder haben anders als z. B. die Schule keinen obligatorischen Charakter. Diese Freiwilligkeit des Besuches korrespondiert bislang mit einer weitgehenden Freiheit in der konzeptionellen wie praktischen Arbeit. Insofern sind Bildungspläne den Tageseinrichtungen für Kinder strukturgeschichtlich ebenso fremd wie der deutschen Jugendhilfe insgesamt (vgl. Diskowski, 2008). Einzige Ausnahme nach 1945 ist hier der Kindergarten in der DDR, in dem bereits 1952, also drei Jahre nach ihrer Gründung, mit den „Zielen und Aufgaben der vorschulischen Erziehung“ ein Rahmenplan verabschiedet wurde, der bis zu seiner letzten Fassung 1985 mehrfach modifiziert worden ist und für alle Einrichtungen Verbindlichkeit besaß. Bildungspläne sind also abgesehen von dieser Ausnahme etwas Neues. Dementsprechend unsicher ist der Umgang mit ihnen. Es ist häufig nicht geklärt, ob sie eine Steuerungsfunktion haben oder eher handlungsleitend sein sollen. Und betrachtet man die Unterschiede in Bezug auf Verbindlichkeit, Differenzierungsgrad und Regelungsdichte, so kann man sich schon fragen, ob wir alle eigentlich in derselben Republik wohnen (vgl. Hoffmann, 2010).

Gleichwohl kann man nicht von vollständigem Neuland sprechen. Denn Ähnlichkeiten der heutigen Debatte mit den Entwicklungen Ende der sechziger, Anfang der siebziger Jahre sind durchaus feststellbar. So gab es von der im Kontext der in den sechziger Jahren diskutierten „Bildungskatastrophe" wie beim Erprobungsprogramm, in dem es um die Frage „Wohin mit den Fünfjährigen" ging, ähnliche reflexartige Vorgehensweisen. Die in diesem Kontext entstandenen Situationsorientierten Ansätze waren ein Reflex, den Kindergarten konzeptionell aus der Bewahrpädagogik herauszuholen. Man hatte also ein elaboriertes, wenngleich nicht ausreichend empirisch untersuchtes Konzept, um die Qualität in Kindertageseinrichtungen anzuheben (vgl. Hoffmann, 2001). Jenseits der Kritik, die den unterschiedlichen Ansätzen immer wieder mangelnde Umsetzbarkeit vorwarf, wurde aber deutlich, dass ohne eine kontinuierliche Hilfe von außen, z. B. über Fachberatung, ein solches Konzept nicht dauerhaft implementierbar ist. Genau dies wurde aber ignoriert, bis es zum nächsten öffentlichkeitswirksamen Bildungsschock durch die Ergebnisse der PISA-Studie kam. Polemisch formuliert: Die Steuerungskultur in der Bundesrepublik lässt sich historisch als Kultur der Planung ohne verbindliche Handlung beschreiben. Die Bildungspläne machen Ähnliches offensichtlich: Geschichte wiederholt sich nicht und so wurde diesmal nicht die Frage diskutiert „Wohin mit den Fünfjährigen?", sondern im Fokus stand die Übergangsproblematik mit dem Ziel der besseren Passung zwischen Kindergarten und Grundschule (vgl. Jugendminister- und Kultusministerkonferenz, 2004). Eine Konsequenz dieser Diskussion sind die Bildungspläne, also zunächst wieder eine konzeptionelle Antwort. Schaut man sich nun aktuell die Qualifizierungsmaßnahmen an, so ist nur noch wenig zu hören, dass hier eine kontinuierliche Fort- und Weiterbildung hinsichtlich der Pläne stattfindet. Vielmehr scheint der Druck, Personal für den Rechtsanspruch der bis 3-jährigen Kinder zu qualifizieren, nahezu alles zu bestimmen. Nimmt man nun hinzu, dass der Ausgang des Bildungsgipfels vorsichtig ausgedrückt keine erheblichen Ausweitungen des Finanzbudgets für Qualifizierungsmaßnahmen ergibt, könnte am Ende wieder das herauskommen, was die OECD der Bundesrepublik immer wieder bescheinigt: Wunderbare Konzeptionen, aber keine finanzielle Unterstützung für eine geeignete Umsetzung.

Nehmen wir einmal an, dass dies nicht passiert und auf politischer Ebene eine kontinuierliche Finanzierung durchgesetzt werden könnte – auch dann bleiben Stolpersteine. Festzustellen ist, dass einige Bundesländer verbindlicher als andere mit ihren Plänen umgehen. Doch es fehlt ein Ort, der eine brauchbare Einigung auf Bundesebene erwarten lässt. Die Jugendministerkonferenz hat sich hierzu als kaum ausreichendes Instrument erwiesen. Ein „Weiter-wie-Bisher" würde mit ziemlicher Sicherheit zur Verwässerung der Bildungspläne führen. Ein großer Fehler dürfte es da gewesen sein, dass die Arbeit der Bund-Länder-Kommission für Bildungsplanung Ende 2007 eingestellt wurde. Die Nachfolgeorganisation „Gemeinsame Wissenschaftskonferenz" stellt sich die Frage der gemeinsamen Bildungsplanung gar nicht mehr. Genau dieses wäre aber notwendiger denn je. Insofern wäre ein erster Schritt zur Umsetzung der genannten Forderungen, einen Ort zu schaffen, der sich die Koordination der Bildungsplanung für Tageseinrichtungen für Kinder zur Aufgabe macht. Dies wäre auch mit internationalen Forschungsergebnissen zu belegen, die sehr eindeutig darauf hinweisen, dass das „Wie" der Interaktion mit den Kindern und nicht so sehr das „Was" den Bildungserfolg der Kinder beeinflusst. Gerade aber bezogen auf das „Wie" der Kindergartenarbeit wären vielleicht Einigungen möglich, die man dann auch in abgestimmte Qualifizierungsmaßnahmen überführen könnte. Dies wäre ein erster Schritt zur Serientauglichkeit der Pädagogik der Frühen

Kindheit. Die strukturelle Tendenz unseres föderalistischen Systems, immer den kleinsten gemeinsamen Nenner zu beschließen, berührt das freilich nicht.

2. Entwicklung der Landschaft der Tageseinrichtungen: Die Gegenwart holt die Bildungspläne ein

Der Zugriff über das „Wie" würde sich auch bezogen auf die Veränderungen der Kitalandschaft als Weg zur Serientauglichkeit erweisen. Einige Bundesländer haben Pläne für 3- bis 6-jährige Kinder geschrieben. Nun entsteht Handlungsdruck, weil die bis 3-jährigen Kinder kommen. Also wird ein Plan hinzugefügt. Die empirische Realität sieht aber anders aus (vgl. Ländermonitor, 2010). Während man noch fragt, ob die jüngeren Kinder überhaupt kommen, lässt sich feststellen, dass sie kommen, und zwar gewaltig. Trotz regionaler Unterschiede nehmen immer mehr Eltern das Betreuungsangebot für unter dreijährige Kinder an. In Westdeutschland ist die Zahl auf 30 Prozent gestiegen, das ist ein Anstieg um 13 Prozentpunkte oder anders gesagt: die Zahl hat sich innerhalb von drei Jahren verdoppelt. Die Statistiken legen ein Weiteres nahe: Der Ausbau der Angebote für Kinder bis zu drei Jahren vollzieht sich zu einem großen Teil in Einrichtungen, die sich offenbar eher aus administrativen als aus pädagogischen Gründen für die jüngeren Kinder geöffnet haben. Es entstehen altersgemischte Gruppen neben anderen. Aber auch die Gruppen selbst verändern sich, denn die älteren Kinder gehen früher. Die sukzessive Rückführung des Stichtages für die Einschulung in vielen Bundesländern bedeutet, dass ungefähr ein Viertel eines jeweiligen Jahrganges fehlt. Die Folge: Die Gruppenzusammensetzung verjüngt sich.

Zusammenfassend lässt sich feststellen: Während unterschiedlichste Bildungspläne kursieren, produziert die Realität längst eine Einheitlichkeit der Unterschiedlichkeit, nämlich ein Höchstmaß an Altersmischung auf der Gruppenebene und ein ebenso hohes Maß an Differenzierung in der Einrichtungszusammensetzung. Diese Realität ist selbstverständlich nicht spezifisch für die Tageseinrichtungen für Kinder, sondern zeigt sich auch im Schulbereich. Hier entstehen Gemeinschaftsschulen, die dem demografischen Wandel Rechnung tragen, durchgesetzt von Bürgermeistern, die gleichzeitig parteipolitisch auf Landesebene für die Verteidigung des dreigliedrigen Schulsystems fechten, obgleich sie wissen, dass sie es selbst unterhöhlen. Man kann es für die Bildungspläne auch anders, zugegeben polemisch, schildern: Auf Landesebene werden Kulturkämpfe geführt, die vor Ort sowieso anders entschieden werden. Auch dies wäre ein Plädoyer für einen bundesweiten Diskussionsort, der neben den berechtigten Ansprüchen der Formulierung von Bildungszielen auch die realen Entscheidungsstrukturen in der Bundesrepublik im Auge hat.

3. Die Implementierungskultur: Von allem ein bisschen ist noch nicht das Ganze?

Gehen wir in einem letzten Schritt weg von der Steuerungsebene hin zur Praxis vor Ort: Kevin ist zwei Jahre und neu in der Kita. Er schreit, Mama ist gerade gegangen. Derweil flitzt Leonie (5 Jahre) unabgemeldet aus der Gruppe. Aber was soll's; schließlich ist da auch noch Simon, der gerade die Windel voll hat und dringend Hilfe braucht. Dass für Oskar jetzt eigentlich Sprachförderung anstünde und Anton nach naturwissenschaftlichen Erkenntnissen schreit, ist klar. Aber die Maxigruppe fällt aus, weil Frau Müller krank ist. Von Lisa, dem hochbegabten Kind, ganz zu schweigen. Was also tun, ich bin allein in der Gruppe? Kevin trösten? Leonie zurückholen? Simons Windel wechseln? Oskar und Anton in ihren kognitiven Bedürfnissen befriedigen? Oder: Lisa individuell fördern? Entsprechend der letzten Fortbildung erkenne ich, das ist der beste Zeitpunkt für Bildungsdokumentation. Ich ziehe mich zurück und beobachte alles ganz genau.

Für ErzieherInnen müssen viele Pläne als Anachronismus wirken, wenn man die Anzahl der Anforderungen sieht, die eigentlich gleichzeitig zu bewältigen sind. Die einen werden sagen, das machen wir schon alles, die nächsten rufen, dies gehe nur mit der Verdoppelung des Personals, und eine weitere Gruppe taucht ab und wartet auf die nächste Reformfantasie. Alles in allem aber ist die Situation lähmend.

Ein Pendant auf der Gruppenebene ist gegeben, wenn Einrichtungen an vielen Projekten gleichzeitig teilnehmen. Projekte sollen im Rahmen unterschiedlicher pädagogischer Konzeptionen vor allem dazu dienen, Lernen in umfassenden Lebenskontexten zu ermöglichen. Ein Umgekehrtes scheint derzeit aber zu passieren, nämlich die Implementierung unterschiedlicher Konzepte als Modellprojekt. Ein Beispiel, zugegeben aus einer sehr großen Großstadtkita, also in dem Wissen, dass dies für eine Vielzahl von Kitas und Kindergärten nicht zutrifft. Die Tendenz scheint aber stimmig. Diese beschriebene Kita ist 2008 gleichzeitig an folgenden Projekten beteiligt: Zweitspracherwerb, Sprachfördermaßnahme, Bewegungserziehung, Vorschulkinderkurse, Ernährungserziehung, Bildungsdokumentation, Umbau zum Familienzentrum, Forschen und Experimentieren, Rucksackprojekt, zusätzlich kleine AGs.

Nichts davon ist unwichtig, und nichts soll gestrichen werden. Es zeigt sich aber, dass dauernd etwas zum Inhalt wird, was Methode ist: z. B. der Umbau zum Familienzentrum oder die Bildungsdokumentation. Letztlich steht alles ohne Rahmung und Konzept nebeneinander, obwohl eine Verzahnung nicht nur zwingend notwendig, sondern sogar einfach und arbeitserleichternd wäre. Diese Kritik trifft aber nicht in erster Linie die Einrichtungen, sondern vor allem die Träger, die aus verständlichen Gründen bei allen geförderten Maßnahmen dabei sein wollen. Dies geschieht aber nicht selten ohne eine Rahmenkonzeption, die die Einrichtungen von diesem Aktionismus entbinden könnte. Das treibt dann – wie im beschriebenen Fall – durchaus vorhersagbare Stilblüten: Während das Konzept für Zweitspracherwerb stark auf Binnendifferenzierung in Kleingruppen mit festgeschriebenen Lernzielen und Übungseinheiten setzt, privilegiert das Sprachförderkonzept das „Sprachbad", also die Förderung der Sprachentwicklung in alltäglichen Kontexten. Die Leiterin wundert sich zudem, warum die Dienstplangestaltung immer schwieriger wird. So können dann gut gemeinte Projekte zu Zeitdieben werden.

Der zusätzliche Eintritt der Fachdidaktiken in die Kindergartenlandschaft bringt weitere Unruhe. Unstrittig ist, dass sprachliches Lernen, Bewegung, mathematisches und naturwissenschaftliches Lernen sehr wichtig sind. Unstrittig ist auch, dass Kinder dies jeden Tag tun. Woran es aber fehlt, ist die angemessene Überführung dieser Situationen in abstraktes Wissen bei den Kindern. Vielfach geschieht etwas anderes.

Es ist zu beobachten, dass der Versuch unternommen wird, aus den Fachdisziplinen Mathematik, Naturwissenschaften, Linguistik usw. Förder- und Spielmaßnahmen für die Kinder zu entwickeln. Dabei ist man sich unter ExpertInnen relativ einig: Im Einzelnen ist das nichts Schlimmes, in der Summe aber führt es zu einer Aufgliederung des Kindergartens in Übungseinheiten. Dies wiederum ist mit dem Alltag in Kindertageseinrichtungen ebenso wenig kompatibel wie mit den Lernbedürfnissen der Kinder, die Zeit benötigen. Als mahnendes Beispiel dient hier die DDR: Hier gab es ein geschlossenes Curriculum mit genauesten Vorgaben von Lernübungen und Zeiteinteilungen. Dabei ist die Bewertung dieser Regelungsdichte bei den betroffenen ErzieherInnen eindeutig, denn

- nahezu übereinstimmend waren die ErzieherInnen der Auffassung, dass der dichte Tagesablauf letztlich eine individuelle Förderung der Kinder verhindert hat.
- es stellte sich heraus – und das ist jetzt auch für Politik wichtig –, dass die ErzieherInnen durch die diffizile Steuerung mit Festlegung jeder einzelnen Übung gar nicht mehr bemerkten, wenn die Politik im Plan etwas veränderte. Es hatte sich also eine Routine gebildet, die durch nichts mehr infrage gestellt wurde. Und dies in einem Beruf, in dem die zentrale Qualifikation darin liegt, mit unsicheren Situationen umzugehen.

Sicher hat das sehr viel mit anderen Rahmenbedingungen in der DDR zu tun und ist nicht leicht übertragbar. Dennoch scheinen geschlossene Curricula eine Resistenz gegen Neuerungen herbeizuführen.

Der Bezug zu den Bildungsplänen ist offensichtlich: Neben der Frage, wie differenziert ein Plan überhaupt sein darf, damit er nicht kontraproduktiv wird, ist das Thema Zeit auf die Tagungsordnung zu setzen. Wenn Tageseinrichtungen ein Projekt benötigen, dann ein Projekt der Entschleunigung, das es ermöglicht, sowohl die unterschiedlichen Anforderungen der Kinder als auch die der Bildungspolitik angemessen zu berücksichtigen. Das führt zu einem abschließenden Ausblick.

Ausblick

Folgende Aspekte erscheinen berücksichtigenswert, um die vielen zu Beginn genannten Forderungen in Angriff zu nehmen:

- Erforderlicher denn je ist es, einen gemeinsamer Ort der Länder für Bildungsplanung zu schaffen, um wenigstens kleinste Übereinstimmungen sicherzustellen.
- Ein Perspektivenwechsel von der Frage nach dem „Was“ zur Frage „Wie“ Kinder gut gefördert werden, könnte hier ein gangbarer Weg sein.
- Ergebnis könnte eine für alle Bundesländer interessante „Fantasie der Umsetzbarkeit“ sein, die einerseits die gegenwärtigen Entwicklungen und Veränderungen aufgreift, andererseits aber auf einer realistischen Einschätzung von verfügbarer Zeit sowohl der Kinder als auch der ErzieherInnen basiert.

Das heißt aber, eine Strategie zu entwerfen, die bewusst über viele Jahre hinausweist und gleichzeitig ein Bekenntnis abgibt, die Weiterentwicklung und Umsetzung der Bildungspläne als primäre Aufgabe zu betrachten. Dazu gehört unmittelbar, auf das Erfinden immer neuer Themen und Anforderungen zunächst einmal zu verzichten – ein Projekt der Entschleunigung wird benötigt. Wahrscheinlich würde dies auch in Wahlkämpfen honoriert, wenn es PolitikerInnen in der Regierung gelänge, mit der Opposition zu vereinbaren, woran nach der nächsten Wahl nicht gerüttelt wird.

Literatur

AG 3.13 QVTAG (2008), Arbeitszeitbedarf für die mittelbare pädagogische Arbeit einer Erzieherin in der Kita. http://www.daks-berlin.de/downloads/ag3.13endfassung080820.pdf (Zugriff 15.4.2010).

Bayerisches Staatsministerium für Arbeit und Sozialordnung, Familie und Frauen & Staatsinstitut für Frühpädagogik (Hrsg.) (2007), Der Bayerische Bildungs- und Erziehungsplan für Kinder in Tageseinrichtungen bis zur Einschulung (2., aktualisierte und erweiterte Auflage), Berlin: Cornelson Scriptor.

Blau, D. M. (1999), The effect of childcare characteristics on child development, Journal of Human Resources, 34, S. 786–822.

BMFSFJ (2003), Auf den Anfang kommt es an! Perspektiven zur Weiterentwicklung des Systems der Tageseinrichtungen für Kinder in Deutschland, Weinheim: Beltz.

Bock-Famulla, K. & Große-Wöhrmann, K. (2009), Länderreport frühkindliche Bildungssysteme 2009. Transparenz schaffen – Governance stärken, Gütersloh: Verlag Bertelsmann Stiftung.

Bock-Famulla, K. (2008), Länderreport frühkindliche Bildungssysteme 2008. Transparenz schaffen – Governance stärken, Gütersloh: Verlag Bertelsmann Stiftung.

Cost, Quality and Outcomes Study Team (1995), Cost quality and child outcomes in child care centers, Denver: Department of Economics, Center for Research in Economic and Social Policy.

Diskowski, D. (2008), Bildungspläne für Kindertagesstätten – ein neues und noch unbegriffenes Steuerungsinstrument, in: Zeitschrift für Erziehungswissenschaft, Sonderheft 11/08, S. 47–62.

Elschenbroisch, D. (2001), Weltwissen der Siebenjährigen, München: Kunstmann.

Gewerkschaft Erziehung und Wissenschaft (Hrsg.) (2008), DGB-Index Gute Arbeit. Wie Erzieherinnen ihre Arbeitsbedingungen beurteilen, http://www.gew.de/Binaries/Binary40336/Brosch%C3%BCre_DGB-index_Arbeitspapier_Erzieherinnen-kurz%20%C3%BCbera..pdf (Zugriff 15.4.2010).

Gewerkschaft Erziehung und Wissenschaft, Forschungsverbund Deutsches Jugendinstitut, Universität Dortmund (2007), Wie geht's im Job? Kita Studie der GEW, http://www.gew.de/Binaries/Binary35437/GEW-Kitastudie.pdf (Zugriff 15.4.2010).

Hebborn, K. (2008), Bildung in der Stadt – Neues kommunales Rollenverständnis, in: Der Städtetag, Heft 1, S. 2ff.

Hebborn, K. (2009), Kommunale Bildungspolitik, in: Deutsche Zeitschrift für Kommunalwissenschaft (DfK), 1, Editorial.

Hoffmann, H. (2001), Zwischen Glauben und Wissen. Ungelöste Probleme des Situationsansatzes und seiner Betrachtung, in: Ders., Studien zur Qualitätsentwicklung von Kindertagesstätten, Neuwied: Luchterhand, S. 185–196.

Hoffmann, H. (2010), Bildungspläne in Deutschland, in: Duncker, L. u. a. (Hrsg.), Bildung in der Kindheit. Das Handbuch zum Lernen in Kindergarten und Grundschule, Seelze: Kallmeyer, S. 121–125.

Hüther, G. (2009), Welcher „Geist" prägt ihre Kita? Die besondere Bedeutung von Geist und Haltung für die pädagogische Arbeit, in: Das Leitungsheft, Kindergarten heute, 2, S. 4–8.

Jugend- und Kultusministerkonferenz (2004), Gemeinsamer Rahmen der Länder für die frühe Bildung in Kindertageseinrichtungen. Gemeinsamer Beschluss der Jugendministerkonferenz und Kultusministerkonferenz vom 13./14. Mai 2004.

Kindertagesbetreuungsgesetz (KiTaG) Baden-Württemberg, http://www.sozialministerium-bw.de/fm/1442/Kindertagesbetreuungsgesetz.pdf (Zugriff 28.6.2010).

Kommunale Bildungslandschaft Heidelberg (2008), Anlage 1 zur Drucksache: 0107/2008/IV, hrsg. von der Stadtverwaltung Heidelberg, Schulverwaltungsamt http://www.heidelberg.de/servlet/PB/show/1189019/40_pdf_Bildungslandschaft.pdf (Zugriff 28.6.2010).

Ländermonitor Frühkindliche Bildungssysteme (2010), hrsg. von der Bertelsmann-Stiftung, http://www.laendermonitor.de/grafiken-tabellen/indikator-10-verteilung-der-kinder-auf-verschiedene-gruppentypen-in-kitas/indikator/13/indcat/10/indsubcat/0/index.html (Zugriff 28.6.2010).

Mack, W. (2007), Lokale Bildungslandschaften: Neue Ansätze der kommunalen Bildungspolitik als Antwort auf Herausforderungen des Zwölften Kinder- und Jugendberichts, in: Bildungslandschaften in Gemeinschaftlicher Verantwortung gestalten. Grundsatzfragen und Praxisbeispiele, S. 16–34, http://www.ganztaegig-lernen.org/media/web/download/th-07.pdf (Zugriff 28.6.2010).

Maykus, S. (2007), Wie kann eine gemeinsame Planungspraxis gelingen? Kommunale Bildungsplanung – Schritte auf dem Weg zur integrierten Schulentwicklungs- und Jugendhilfeplanung, in: Bildungslandschaften in Gemeinschaftlicher Verantwortung gestalten. Grundsatzfragen und Praxisbeispiele, S. 44–59, http://www.ganztaegig-lernen.org/media/web/download/th-07.pdf (Zugriff 28.6.2010).

Nagel, B. (2009), Kinderorientierte Bildung: Entwicklung des Systems der Tageseinrichtungen für Kinder in Deutschland, in: Becker-Stoll, F. & Nagel, B. (Hrsg.), Bildung und Erziehung in Deutschland, Berlin: Scriptor, S. 12–26.

NICHD Early Child Care Research Network (2002). Child-care structure à process à outcome: Direct and indirect effects of child-care quality on young children's development, Psychological Science, 13, 199–206.

Orientierungsplan für Bildung und Erziehung im Elementarbereich niedersächsischer Tageseinrichtungen für Kinder (Fassung vom 12.01.2005), http://cdl.niedersachsen.de/blob/images/C3374461_L20.pdf (Zugriff 28.6.2010).

Orientierungsplan für Bildung und Erziehung in baden-württembergischen Kindergärten und weiteren Kindertageseinrichtungen VORLÄUFIGE FASSUNG: Stand: 17. Juni 2009, http://www.kultusportal-bw.de/servlet/PB/show/1250705/kp_orientierungsplan_vorlauefig_juni_17.pdf (Zugriff 28.6.2010).

Paritätischer Anforderungskatalog für die Strukturqualität in Kindertageseinrichtungen (2008), http://www.der-paritaetische.de/fileadmin/dokumente/downloads/strukturqualitaet_anforderungskatalog.pdf (Zugriff 15.4.2010).

Roos, J. & Schöler, H. (2007a), „QUASI Heidelberg" – Qualitätssicherung und Qualitätsentwicklung in Heidelberger Kindertageseinrichtungen. Eine Projektbeschreibung, in: Pädagogische Hochschule Heidelberg, Institut für Weiterbildung (Hrsg.), Perspektiven zur pädagogischen Professionalisierung, Heft 73 Elementarbildung, Heidelberg: Pädagogische Hochschule, S. 39–45.

Roos, J.; Grau, A.; Heck, M. & Schöler, H. (2007b), Professionalisierung von Erzieherinnen und Erziehern bei der Implementierung von Bildungsplänen am Beispiel von QUASI Heidelberg, in: Diskurs Kindheits- und Jugendforschung, 2, S. 455–468.

Roos, J.; Haffner, J.; Schöler, H.; Heck, M. & Marczak-Pasternak, A. (2008), Zwischenbericht zum Projekt QUASI Heidelberg, Heidelberg: Pädagogische Hochschule.
Rudow, B. (2004), Belastungen und der Arbeits- und Gesundheitsschutz bei Erzieherinnen. Kurzfassung des Projektberichts, http://www.gew-hb.de/Binaries/Binary689/Arbeitsschutz%20ErzieherInnen%20Kurzfassung.pdf (Zugriff 15.4.2010).
Sozialgesetzbuch (SGB) Achtes Buch (VIII), http://www.sozialgesetzbuch-sgb.de/sgbviii/1.html (Zugriff 28.6.2010).
Sylva, K. et al. (2003), The Effective Provision of Pre-School Education Project. Findings from the Pre-School Period, London: Institute of Education, University London.
Tietze, W. & Dittrich, I. u. a. (2007b) (2. Auflage), Pädagogische Qualität entwickeln. Praktische Anleitung und Methodenbausteine für Bildung, Betreuung und Erziehung in Tageseinrichtungen für Kinder von 0–6 Jahren, Weinheim: Beltz.
Tietze, W. & Förster, C. (2005), Allgemeines pädagogisches Gütesiegel für Kindertageseinrichtungen, in: Diller, A. u. a. (Hrsg.), Der Streit ums Gütesiegel: Qualitätskonzepte für Kindertageseinrichtungen, München: Deutsches Jugendinstitut, S. 31–66.
Tietze, W. & Viernickel, S. u. a. (2007a) (3. Auflage), Pädagogische Qualität in Tageseinrichtungen für Kinder. Ein nationaler Kriterienkatalog, Weinheim: Beltz.
Tietze, W.; Grenner, K.; Gralla-Hoffmann, K. & Dabrowski, M. (2008), Evaluierung der Personalausstattung in Kindertageseinrichtungen sowie Struktur und Angebote der Fachberatung für Kindertageseinrichtungen und Kindertagespflege in Sachsen. Abschlussbericht, Dresden: Sächsisches Staatsministerium für Soziales.
Vereinbarung zum Orientierungsplan für Bildung und Erziehung in Tageseinrichtungen für Kinder in Baden-Württemberg, http://www.kultusportal-bw.de/servlet/PB/menu/1183025/index.html?ROOT=1182956 (Zugriff 28.6.2010).
Verwaltungsvorschrift des Kultusministeriums über Zuwendungen zur Förderung von Fortbildungen pädagogischer Fachkräfte in Kindergärten, www.kultusportal-bw.de/servlet/PB/show/1210906/VwV-Opla.pdf (Zugriff 28.6.2010).
Viernickel, S. & Schwarz, S. (2009), Schlüssel zu guter Bildung, Erziehung und Betreuung – Wissenschaftliche Parameter zur Bestimmung der pädagogischen Fachkraft-Kind-Relation, http://www.der-paritaetsche.de/index.php?eID=tx_nawsecuredl&u=0&file=uploads/tx_pdforder/ expertise_gute_betreuung_web2_02.pdf&t=1271670710&hash=aeca21d7b2f1211a732a9f0522fd9898 (Zugriff 15.4.2010).
Zwölfter Kinder- und Jugendbericht, Drucksache des Deutschen Bundestages 15/6014.

AutorInnen

Dipl. Psych. Margareta Heck, Wissenschaftliche Mitarbeiterin im Projekt „QUASI Heidelberg – Qualitätssicherung und Qualitätsentwicklung in Heidelberger Kindertageseinrichtungen", PH Heidelberg.

Dr. Karsten Herrmann, Pressesprecher in der Koordinierungs- und Geschäftsstelle des ***nifbe*** in Osnabrück.

Prof. Dr. Hilmar Hoffmann, Erziehungswissenschaftler mit dem Schwerpunkt Frühkindliche Bildung/Elementarpädagogik an der Universität Osnabrück. Leiter der ***nifbe***-Forschungsstelle Elementarpädagogik.

Dr. Hermann Kues, Parlamentarischer Staatssekretär im Bundesministerium für Familie, Senioren, Frauen und Jugend.

Brigitte Netta, Leiterin der Kita St. Michael in Amberg (Bayern), BEP-Erprobungseinrichtung und Konsultationskita. Mitglied in der Fachkommission „Bayerischer Bildungs- und Erziehungsplan".

Dr. Christa Preissing, Direktorin des Berliner Kita-Instituts für Qualitätsentwicklung (BeKi), Vizepräsidentin der Internationale Akademie (INA) gGmbH an der FU Berlin.

Edeltraud Prokop leitet eine Kinderkrippe in München und begründete zusammen mit ihrem Team die sogenannte Freilandpädagogik für Kinder in altersgemischten Gruppen von drei Monaten bis sechs Jahren.

Prof. Dr. Ursula Rabe-Kleberg lehrt an der Universität Halle, u.a. mit den Schwerpunkten: Soziologie der Bildung und Erziehung, Kindheitsforschung (besonders institutionelle Kleinkinderziehung).

Eva Reichert-Garschhammer, Abteilungsleiterin im Staatsinstitut für Frühpädagogik (IFP) in München. Zu ihren Arbeitsschwerpunkten gehört u.a. die Implementierung der Bildungspläne von Bayern und Hessen.

Prof. Dr. Jeanette Roos lehrt Psychologie an der PH Heidelberg. Projektleitung von „QUASI Heidelberg – Qualitätssicherung und Qualitätsentwicklung in Heidelberger Kindertageseinrichtungen".

Reinhard Sliwka war lange Jahre Kultur- und Sozialdezernent der Stadt Osnabrück, seit 2008 Geschäftsführer des ***nifbe***.

Dipl. Psych. Andrea Tettenborn, Wissenschaftliche Mitarbeiterin im Projekt „QUASI Heidelberg – Qualitätssicherung und Qualitätsentwicklung in Heidelberger Kindertageseinrichtungen", PH Heidelberg.

Prof. Dr. Susanne Viernickel lehrt „Pädagogik der frühen Kindheit" an der Alice-Salomon-Hochschule in Berlin. Ihre Arbeitsschwerpunkte sind u.a. Bildung und Entwicklung im frühen Kindesalter.

Dr. Ilse Wehrmann war bis 2007 Geschäftsführerin des Landesverbandes Evangelischer Tageseinrichtungen für Kinder in Bremen. Heute ist sie als freie Beraterin im Bereich frühkindlicher Bildung tätig.

Prof. Dr. Renate Zimmer ist Sport- und Erziehungswissenschaftlerin mit dem Schwerpunkt „Frühe Kindheit" an der Universität Osnabrück, Direktorin des ***nifbe*** und zugleich Leiterin der Forschungsstelle Bewegung und Psychomotorik.

Das Niedersächsische Institut für frühkindliche Bildung und Entwicklung (***nifbe***) wurde 2007 gegründet und verbindet auf innovative Weise die interdisziplinäre Forschung mit der Praxis sowie der Aus- und Weiterbildung im Elementarbereich. Weitere Infos unter www.nifbe.de